Der immaterielle Vorteilsbegriff der Bestechungsdelikte im StGB

Europäische Hochschulschriften

Publications Universitaires Européennes
European University Studies

Reihe II

Rechtswissenschaft

Série II Series II

Droit
Law

Bd./Vol. 724

PETER LANG
Frankfurt am Main · Bern · New York · Paris

Wolfgang Bauchrowitz

Der immaterielle Vorteilsbegriff der Bestechungsdelikte im StGB

PETER LANG
Frankfurt am Main · Bern · New York · Paris

CIP-Titelaufnahme der Deutschen Bibliothek

Bauchrowitz, Wolfgang:

Der immaterielle Vorteilsbegriff der Bestechungsdelikte im StGB / Wolfgang Bauchrowitz. - Frankfurt am Main ; Bern ; New York ; Paris : Lang, 1988
(Europäische Hochschulschriften : Reihe 2, Rechtswissenschaft ; Bd. 724)
Zugl.: Kiel, Univ., Diss., 1988
ISBN 3-8204-1541-6

NE: Europäische Hochschulschriften / 02

D 8
ISSN 0531-7312
ISBN 3-8204-1541-6

Meinen Eltern

Vorwort

Die vorliegende Dissertation entstand auf Anregung von Herrn Prof. Dr. Erich Samson, dem ich hiermit für die mir gewährte Förderung herzlich danke.
Besonderer Dank gilt zudem meinen Eltern, deren großzügige finanzielle Unterstützung mir die Anfertigung der Arbeit maßgeblich ermöglicht hat.
Herzlich bedanken möchte ich mich darüberhinaus bei meiner Ehefrau Sabine, die mir in vielen Gesprächen hilfreich zur Seite gestanden und mich bei den Korrekturarbeiten erheblich entlastet hat.
Schließlich danke ich Frau Marion Herdan für die gewissenhafte Erstellung des Manuskripts.

Kiel, im Januar 1988

Wolfgang Bauchrowitz

Gliederung

Seite

Seite

Seite

Einleitung

Der Blick in die im 29. Abschnitt des StGB geregelten Bestechungsdelikte (§§ 331 bis 335a StGB) zeigt, daß das tatbestandsmäßige Verhalten des Täters im wesentlichen entweder darin besteht, daß er als Gegenleistung für bereits vorgenommene oder zukünftige Diensthandlungen einen Vorteil fordert, sich versprechen läßt oder annimmt (§§ 331, 332 StGB) oder, sofern es sich bei dem Täter nicht um einen Amtsträger handelt, letzterem für eine Diensthandlung einen Vorteil anbietet, verspricht oder gewährt (§§ 333, 334 StGB).

In der einschlägigen Kommentarliteratur[1)] erfährt der in dieser Untersuchung zu behandelnde Begriff des Vorteils herkömmlich eine Unterteilung in materielle und immaterielle Vorteile.
Der in der Vergangenheit äußerst lebhaft geführte Streit um die Frage, ob unter "Vorteilen" im Sinne der Bestechungsdelikte nur materielle, d.h. objektiv meßbare Besserungen der wirtschaftlichen oder rechtlichen Lage des Vorteilsempfängers zu verstehen sind, oder ob auch immaterielle Vorteile für die Annahme eines Vorteils ausreichend sein können, scheint durch die Normierungen der §§ 331-335a StGB, welche durch das EGStGB 1974 neu geschaffen wurden, im Grundsatz zugunsten der immateriellen Vorteilsauffassung entschieden worden zu sein.

---

1) SK-Rudolphi § 331 Rn. 19, 20;
Schönke-Schröder-Cramer § 331 Rn. 19-21;
LK-Jescheck § 331 Rn. 7-9;
Dreher-Tröndle § 331 Rn. 11;
Lackner § 331 Anm. 3 aa);
Preisendanz § 331 Anm. 3 a bb.

So läßt der Gesetzestext der Bestechungsdelikte im Gegensatz zum Wortlaut einzelner Vermögensdelikte[2], die einen konkreten "Vermögensvorteil" erfordern, bereits den einfachen "Vorteil" ausreichen.
Aus den Gesetzesmaterialien[3] ergibt sich überdies, daß nicht der im Zuge der Reformbestrebungen in Rede stehende Ausdruck "Entgelt" sondern der Begriff "Vorteil" gewählt wurde, um gerade außer den materiellen auch immaterielle Verbesserungen der Lage des Empfängers zu erfassen.
Auch der BGH[4] definiert den Vorteil im Sinne der §§ 331 ff. StGB als jede Leistung, auf die der Amtsträger keinen Rechtsanspruch hat und die seine wirtschaftliche, rechtliche oder auch nur persönliche Lage objektiv verbessert.
Gleiches soll auch für den sogenannten "mittelbaren Vorteil" gelten, d.h. für denjenigen Vorteil, der dem Amtsträger nicht unmittelbar, sondern lediglich über Angehörige und Vereinigungen aller Art, wie beispielsweise Parteien oder Vereine, zugute kommt.

Anlaß, sich mit dem Begriff des immateriellen Vorteils näher zu beschäftigen, ist die möglicherweise mißverständliche Beschreibung in Teilen der Kommentarliteratur, in welcher unter Verweisung auf höchstrichterliche Rechtsprechung Formeln wie "die Befriedigung des Ehrgeizes, der Eitelkeit, des Geltungsbedürfnisses und der

---

2) vgl. § 263 StGB.
3) siehe BT-Dr 7/550, 271.
4) vgl. BGH St 31, 264 (279); 33, 336.

Sinnenlust" auftauchen und als Zuwendung eines Vorteils erachtet werden[5].

Auch in der Rechtsprechung der letzten Jahre sind bei Bestechungsfällen derartige Formulierungen wieder benutzt worden[6]; zudem wird auch in der neuesten Rechtsprechung des BGH[7] durchaus der Eindruck vermittelt, jeder irgendwie geartete Vorteil könne zugleich auch ein Vorteil im Sinne der Bestechungsdelikte sein.

Es erscheint jedoch überprüfenswert, inwiefern der "immaterielle Vorteil" in der Rechtsprechung eine Rolle gespielt hat, welche konkreten Fallgestaltungen sich ergeben haben und ob dieser durch die aktuelle Interpretation weit gefaßte Vorteilsbegriff noch geeignet ist, dem Bestimmtheitsgebot gerade auch im Hinblick auf den Verfassungsgrundsatz des Art. 103 II GG - "nulla poena sine lege" - gerecht zu werden.
Die nachfolgende Untersuchung soll feststellen, ob der Begriff des "immateriellen Vorteils" der Bestechungsdelikte hinreichend bestimmbar ist und wie weit die Begriffsauslegung unter Berücksichtigung eines umstrittenen und weitgehend uneinheitlich beurteilten Rechtsguts der §§ 331-335a StGB überhaupt gehen darf.
Diese Klärung ist schon deswegen erforderlich, weil es auf der Hand liegt, daß nicht jede irgendwie geartete Besserstellung geeignet sein kann, auch "Vorteil" im Sinne der Bestechungsdelikte zu sein.

---

5) vgl. Nachweis bei Geerds JR 1982, 385 Fn. 6, 8, 10.

6) z.B. OLG Zweibrücken JR 1982, 381.

7) BGH St 33, 336.

Die Untersuchung beginnt mit einem kurzen geschichtlichen Rückblick auf die Entstehungs- und Entwicklungsgeschichte des immateriellen Vorteilsbegriffs im Rahmen der Bestechungsdelikte, um dann diesen in den seit 1871 praktisch relevant gewordenen Fallgestaltungen exemplarisch darzustellen, zu analysieren sowie einer kritischen Würdigung und dem Versuch einer Systematisierung zu unterziehen.
Dabei sollen insbesondere die auch für die Zukunft problematischen Anwendungsfälle des immateriellen Vorteilsbegriffs, wie sie sich beispielsweise bei Vereins- und Parteispenden - auch als mittelbare Vorteile - ergeben, berücksichtigt sowie Feststellungen getroffen werden, welche Möglichkeiten der Abgrenzung und Auslegung im Sinne einer möglicherweise rechtsstaatlich gebotenen Tatbestandsbeschränkung vorhanden sind.

1. K a p i t e l

Geschichtlicher Überblick zum Begriff des immateriellen Vorteils

Ausgangspunkt des geschichtlichen Überblicks ist der Umstand, daß die geltenden Bestechungsvorschriften auf zwei Grundgedanken beruhen, die aus dem germanischen[1)] und dem römischen[2)] Recht herrühren[3)].
Verbunden mit dem heute geltenden Recht werden die römischen und die germanischen Regelungen des Bestechungsbegriffs durch das gemeine Recht und die Partikularstrafgesetze.

I. Das römische Recht

Betrachtet man die Rechtslage bis zum Ende der Republik im Hinblick auf immaterielle Vergünstigungen, so ist festzustellen, daß als geeignete Bestechungsmittel nur geldwerte Zuwendungen galten[4)].
Dies wird zum einen aus der Deliktsbezeichnung "crimen repetundarum pecuniarum" sowie zum anderen daraus deutlich, daß als Strafe der mehrfache Ersatz des Empfangenen (Geldes) vorgesehen war.

---

1) Danach liegt der Unrechtsgehalt der Bestechung in der Käuflichkeit oder der Erkaufung einer Amtshandlung.

2) Das strikte Verbot jeglicher Geschenkannahme des Beamten für die von ihm ausgeübte Amtstätigkeit kennzeichnet den römisch-rechtlichen Grundgedanken.

3) vgl. Binding Lb II, 2 S. 712 ff.;
Sauer S. 514 ff.; Maurach-Schroeder BT/2 S. 201.

4) siehe Kronecker S. 364; Mommsen S. 715 f.;
Schlemmer S. 5;
Goltdammer's Materialien II S. 671.

Auch nach Ablösung dieser sogenannten Repetunden-gesetzgebung durch die Lex Julia [5], welche dann in der folgenden kaiserlichen Gesetzgebung im wesentlichen unverändert bestehen blieb, war neben geldwerten Zuwendungen ein immaterieller Vorteil als Bestechungsmittel unbekannt[6].

II. Die germanischen Volksrechte

Insoweit die germanischen Volksrechte Vorschriften über die Amtsverbrechen enthielten (Ausnahme: Friesen, Sachsen, Thüringer und chamavische Franken [7]), war lediglich die Annahme eines geldwerten Vorteiles durch einen Richter, um dafür eine künftige Rechtsverletzung zu begehen, strafbewehrt[8].

Die verschiedenen Volksrechte bezeichneten "pecunia" als Bestechungsmittel und sahen als Strafe u.a. die Herausgabe des Empfangenen oder dessen Wertes vor, so daß davon ausgegangen werden kann, daß lediglich geldwerte Vorteile geeignete Bestechungsmittel gewesen sind.

Im Unterschied zum römischen Recht war jedoch ein Äquivalenzverhältnis zwischen der Zuwendung und der bestimmten Amtstätigkeit erforderlich, da das Bestechungsmittel nach germanischer Auffassung

---

5) Lex Julia de repetundis von Julius Caesar im Jahr 59 v. Chr., eingesetzt zur Abwehr gegen die verstärkt auftretende Bestechlichkeit der Magistrate; vgl. Ulpianus D 1; 16, 6, 3 und allgemein dazu Mommsen S. 717 ff.

6) vgl. Schlemmer S. 5.

7) siehe Cohn S. 158.

8) vgl. die ausführliche Zusammenstellung der einzelnen germanischen Rechte bei Schlemmer S. 6.

den Preis für eine zukünftige Amtspflichtverletzung beinhaltete[9].

Obwohl die römischen und germanischen Bestechungsregelungen somit verschieden ausgestaltet waren, beinhalteten sie eine identische Zweckbestimmung, nämlich den Schutz der Reinheit des Amtes und die Treuepflicht des Amtsträgers gegenüber der Gemeinschaft und dem staatlichen Dienstherrn durch die Unentgeltlichkeit der Amtstätigkeit[10].

III. Das gemeine Recht

Die gemeinrechtliche Gesetzgebung hat der Bestechungsmaterie so gut wie keine Aufmerksamkeit geschenkt (Ausnahme: Kammergerichts-Visitationsabschied von 1713, der eine Regelung im Hinblick auf passive und aktive Bestechung von Richtern des Kammergerichts enthielt[11]).

Aufgrund der von Wissenschaft und Praxis herausgearbeiteten maßgebenden gemeinrechtlichen Bestechungsnormen lag der Tatbestand der passiven Bestechung vor, wenn ein Amtsträger für eine zukünftige pflichtgemäße oder pflichtwidrige Amtstätigkeit einen Vorteil oder das Versprechen eines solchen annahm[12].

---

9) vgl. Binding Lb II, 2 S. 714; Hummel S. 19; Schlemmer S. 7.

10) vgl. Binding Lb II, 2 S. 713 ff.

11) vgl. auch Schlemmer S. 7.

12) vgl. Feuerbach-Mittermaier § 479b S. 757; Heffter S. 447; Alcalay S. 19 f.; Meves S. 963; Kronecker S. 364.

Nunmehr tauchte erstmalig der Streit darüber auf, ob der Vorteilsbegriff auf geldwerte Zuwendungen zu beschränken oder auch auf immaterielle Besserstellungen auszudehnen sei:

- nur für geldwerte Vorteile: Heffter S. 448; Feuerbach-Mittermaier S. 761,
- auch für immaterielle Vorteile: Feuerbach, Themis S. 210; Wächter S. 473; Alcalay S. 19.

Während der gemeinrechtliche Bestechungsbegriff nicht zwischen pflichtmäßigen und pflichtwidrigen Amtshandlungen unterschied, waren das Erfordernis eines Äquivalenzverhältnisses zwischen dem Vorteil und der Amtshandlung sowie die Beschränkung auf zukünftige Amtshandlungen als bestehende Grundsätze festgeschrieben[13].

Soweit die Annahme eines Vorteils auf einer gesetzlichen Erlaubnis beruhte, kam eine Bestrafung wegen passiver Bestechung nicht in Betracht. Beispielsweise erfüllte der beamtete Tierarzt, der für seine amtliche Tätigkeit die ihm zustehenden Gebühren entgegennahm, nicht den Tatbestand der passiven Bestechung.

IV. Die Partikulargesetzgebung von 1813-1850

Im Grundsatz auf die römischen und germanischen Regelungen zurückgreifend, haben die Strafrechtskodifikationen der deutschen Länder die Bestechungsdelikte ausführlich geregelt[14].

---

13) vgl. Schlemmer S. 8.

14) vgl. die Zusammenstellung der verschiedenen Länder auf S. 18, IV. 1.), 2.).

Die Vielfalt der Partikularstrafgesetze zeigte sich auch in der Beschaffenheit der maßgebenden Bestechungsmittel, die keinesfalls einheitlich geregelt war.

1.) Eindeutig und ausdrücklich bekannte sich nur Baden[15] in den §§ 662, 663, 667 StGB zum materiellen Vorteilsbegriff, in welchen "Geld oder andere Vermögensvorteile" die geeigneten Bestechungsmittel waren.

2.) Die anderen Partikularstrafgesetze wiesen demgegenüber erheblich allgemeinere Formulierungen auf.

a.) Württemberg in Art. 407[16], Braunschweig in § 256[17], Sachsen-Altenburg in Art. 313[18] und Thüringen in Art. 309[19] verwendeten den Begriff "Geschenke oder andere Vorteile".

b.) Bayern (Art. 355, 443)[20] und Oldenburg (Art. 360, 472)[21] ließen "Geschenke oder was immer für einen Vorteil" ausreichen.

c.) In Hessen (Art. 450, 454)[22], Braunschweig (§ 112)[23] und Nassau (Art. 445, 450)[24] fand die Formulierung "Geschenke oder sonst einen Vorteil" Gebrauch.

---

15) 1845
16) 1839
17) 1856
18) 1841
19) 1850-52
20) 1813
21) 1814
22) 1841
23) 1856
24) 1849

d.) Der Art. 159 in Württemberg[25] ließ "Geschenke oder irgendeinen Vorteil" ausreichen, und in Hannover[26] (Art. 151, 356) war sogar bereits "irgendein Vorteil" das geeignete Bestechungsmittel.

3.) Von der einschlägigen partikularrechtlichen Literatur wurde überwiegend vertreten, daß die Bestechungstatbestände, soweit sie den Vorteilsbegriff ohne einen einschränkenden Zusatz enthielten, eine Beschränkung der Bestechungsmittel auf geldwerte Besserungen nicht zum Inhalt hatten[27].

V. Das preußische Recht

Ausgangspunkt ist, daß die Bestechungsvorschriften des preußischen Strafgesetzbuches von 1851, die auf dem allgemeinen preußischen Landrecht[28] von 1794 beruhten, fast unverändert in das StGB von 1871 aufgenommen wurden.

So ist denn in der Rechtsprechung bis 1975 und auch bei der Auslegung der §§ 331-335 StGB häufig auf die preußischen Bestechungstatbestände und deren Entstehungsgeschichte zurückgegriffen worden[29].

---

25) 1839

26) 1840

27) Leonhardt, S. 464, ließ als Bestechungsvorteil Befriedigung des Ehrgeizes, der Sinnenlust und der Eitelkeit ausreichen; gleiches gilt für Feuerbach, Themis S. 210.

28) ALR

29) vgl. RG St 2, 129; 9, 166 (167); 16, 42 (46 f.); 39, 193 (201); 57, 232 (233); RG JW 31, 1703; BGH St 5, 100 (104 f.).

1.) Das Allgemeine Preußische Landrecht

In Titel 20 des II. Teils regelte das Allgemeine Preußische Landrecht (ALR) die Bestechungstatbestände in den §§ 360, 361 sowie 366 bis 370[30].

Als Bestechungsmittel nannte § 360 "Geschenke oder Gaben", § 366 "Geschenke" und § 368 "Geschenke oder Vorteile".
Ansatzpunkte dafür, daß § 368 auch immaterielle Besserstellungen genügen ließ, sind zum einen der Wortlaut, der Vorteile schlechthin bezeichnete, und zum anderen die Tatsache, daß als Strafsanktion u.a. neben der Herausgabe des vierfachen Betrages des angebotenen Vorteils auch eine Regelung für den Fall vorhanden war, daß dieser nicht in Geld veranschlagt werden konnte. Es war dann eine verhältnismäßige Gefängnisstrafe vorgesehen.

Demgegenüber spricht der Wortlaut der §§ 360 und 366 für eine Beschränkung der Bestechungsmittel auf materielle Vorteile[31].

---

30) Ausführlich auf die preußische Gesetzgebung und Praxis des 18. Jahrhunderts eingehend, Stock S. 127 ff., S. 145 ff.

31) Schlemmer, S. 12, vertritt die Auffassung, daß auch im Rahmen der §§ 360 und 366 immaterielle Vorteile genügen, da jeder Anhaltspunkt dafür fehle, daß der Gesetzgeber des ALR die aktive Bestechung (§ 368) hinsichtlich der Bestechungsmittel weiter als die passiven Bestechungstatbestände ausdehnen wollte.

2.) Das Preußische StGB von 1851

Die Auffassung, daß die Bestechungsvorteile nicht auf geldwerte Verbesserungen zu beschränken seien, ist zu diesem Zeitpunkt wohl vorherrschende Meinung gewesen[32].

Jedoch bestand keine Einigkeit darüber, in welchem Umfang immaterielle Vorteile ausreichen sollten.
Während Oppenhoff[33] alle immateriellen Besserstellungen als Bestechungsvorteil ansah, werden in Goltdammers Materialien [34] nicht unerhebliche Bedenken hinsichtlich der vorgenannten weiten Auffassung aufgezeigt:

So habe die Nennung der Vorteile in den Beratungen Bedenken erregt, weil der Ausdruck der weitesten Ausdehnung fähig sei. Andererseits wurde bemerkt, daß ohne die Nennung der Vorteile die Grenzen der Bestechung zum Nachteil des öffentlichen Interesses zu eng gezogen sein würden; dem Sprachgebrauch nach seien unter Vorteilen jedoch nur solche Zuwendungen zu verstehen, welche einen gewissen reellen Wert für jedermann hätten und eine Bereicherung für den Empfänger enthielten.
Die Ausdehnung auf "bloße Genüsse" sei allerdings abzulehnen.
Demgemäß wird in Goltdammers Materialien[35] davon ausgegangen, "daß das Gesetz auf der einen Seite

---

32) vgl. Oppenhoff § 309 Anm. 3;
Goltdammers Mat. II S. 671.

33) Oppenhoff a.a.O.

34) II S. 670 f.

35) II S. 671.

weder die Einschränkung auf Geld oder andere Vermögensvorteile noch auf der anderen Seite die Ausdehnung auf bloß vorübergehende Einwirkungen auf die Sinnlichkeit, auf bloße Gunstbezeugungen, will, selbst wenn sich der Beamte durch diese in der Tat verleiten ließe."

Mit der von Feuerbach[36)] vertretenen Auffassung, daß als Mittel der Bestechung alles zu betrachten sei, was zur Befriedigung der Sinnlichkeit überhaupt, insbesondere des Eigennutzes diene, also nicht bloß Geld und Geldeswert, positiver und negativer Gewinn, z.B. Erlaß einer Schuld, sondern auch alles andere, was zur Beförderung des Ehrgeizes, der Eitelkeit, der Sinnlichkeit dient, z.B. das Versprechen der Beförderung im Dienste, eines Ordens usw., stimmen Goltdammers Materialien [37)] insoweit überein, als es sich nicht bloß um augenblickliche, vorübergehende Einwirkungen auf die Sinnlichkeit handeln dürfe.

VI. Das RStGB von 1871

Grundlage der heutigen Bestechungsdelikte des StGB waren die Normierungen des RStGB von 1871 in den §§ 331 bis 335.
In den Motiven zum StGB sind keine Erwägungen erkennbar, die sich mit dem Problem der Vorteilsbeschaffenheit auseinandersetzen.

Vielmehr wurden die Bedenken, welche die als Vorbild dienenden Normen des preußischen StGB

---

36) Themis Nr. 4 S. 210.
37) II S. 671 Fn. 2.

(§§ 309-313) noch begleitet hatten, nicht wieder aufgegriffen.
Im Hinblick auf das Problem des immateriellen Vorteils ist dabei zu beachten, daß bis zur Neufassung des StGB 1975 das "Gewähren von Geschenken oder anderen Vorteilen" als geeignetes Bestechungsmittel angesehen wurde.
Mit der Neufassung des StGB 1975 verblieb lediglich der "Vorteil" als Gegenleistung dafür, daß eine Diensthandlung durch den Amtsträger vorgenommen wurde oder künftig vorgenommen werden sollte.

2. Kapitel

Die Rechtsprechung zum immateriellen Vorteilsbegriff der Bestechungsdelikte

I. Die Rechtsprechung des Reichsgerichts

Der Begriff des immateriellen Vorteils der Bestechungsdelikte scheint in der Rechtsprechung des Reichsgerichts in vier verschiedenen Fallgruppen relevant geworden zu sein[1].

Ob in diesen Fallgruppen jeweils tatsächlich immaterielle Vorteile behandelt worden sind, soll anhand der verschiedenen Entscheidungen ebenso überprüft werden wie die Frage nach der Systematisierung und den möglicherweise vom Reichsgericht herausgearbeiteten Abgrenzungskriterien für die Bestimmung des immateriellen Vorteilsbegriffs.

Dafür werden die behandelten Fallgruppen des immateriellen Vorteilsbegriffs zunächst wie folgt bezeichnet:

Fallgruppe 1
- "Unentgeltliche Gewährung des Geschlechtsverkehrs" -

Fallgruppe 2
- "Befriedigung des Ehrgeizes oder der Eitelkeit" -

Fallgruppe 3
- "Inaussichtstellung eines besseren Lebens" -

Fallgruppe 4
- "Vermeidung eines angedrohten Übels" -

---

1) vgl. nur Schönke-Schröder-Cramer § 331 Rn. 19-21.

1.) Fallgruppe 1:
"Unentgeltliche Gewährung des Geschlechtsverkehrs"

Die reichsgerichtliche Rechtsprechung beinhaltet in der amtlichen Sammlung insgesamt drei Urteile aus den Jahren 1883, 1930 und 1937, in denen die unentgeltliche Gewährung des Geschlechtsverkehrs als immaterieller Vorteil im Rahmen der Bestechungsdelikte bezeichnet wird.

a.) - RG St 9, 166 f. -
Urteil des 3. Strafsenats vom 05.11.1883

Unter dem Leitsatz

"Erfordert der Tatbestand der Bestechung das Annehmen, Fordern oder Sichversprechenlassen von Vermögensvorteilen oder können auch sinnliche Genüsse der Gegenstand eines Vorteils sein?"

hat das Reichsgericht im Fordern der Beischlafgestattung einen vom Angeklagten erstrebten sinnlichen Genuß als Fordern eines Vorteils im Sinne des Gesetzes angesehen.

Das Strafgesetzbuch in der zur Zeit der Entscheidung gültigen Fassung beinhaltete in § 332 als Tatbestand der sogenannten passiven Bestechung das Annehmen, Fordern oder Sichversprechenlassen von Geschenken oder anderen Vorteilen von Seiten eines Beamten für eine Handlung, welche die Verletzung einer Amts- oder Dienstpflicht enthielt.

Deutlich werde - so das Reichsgericht - bereits aus dem Wortlaut der Norm, daß der Begriff des Vorteils nicht auf vermögensrechtliche Leistungen beschränkt werden sollte.

Das Reichsgericht begründet diese Auffassung damit, daß das Strafgesetzbuch an einzelnen Stellen, wie z.B. §§ 263, 268, ausdrücklich das Erfordernis eines Vermögensvorteils als zum Tatbestand einer Straftat gehörig bezeichnet hat. In den Fällen, in denen sich das Gesetz des Ausdrucks "Vorteil" schlechthin bedient habe, müsse daher gefolgert werden - und dies ist hinsichtlich der in § 257 StGB enthaltenen Bestimmung bereits wiederholt geschehen -, daß der Begriff des Vorteils in einem weiteren, auf Erzielung vermögensrechtlichen Gewinnes nicht beschränkten Sinne aufzufassen sei.

b.) - RG St 64, 291 f. -
Entscheidung des Feriensenats vom 29.08.1930

Das Reichsgericht kommt darin zu dem Ergebnis, daß die Gewährung des unentgeltlichen Geschlechtsverkehrs ebenso einen Vorteil darstellt wie die Gewährung des Geschlechtsverkehrs gegen ein besonders geringes Entgelt.

Jedoch soll in der Regel dann kein Vorteil vorliegen, wenn das übliche Entgelt entrichtet wird.

Der entschiedene Fall weist die Besonderheit auf, daß sich die Prostituierte nur mit Rücksicht auf pflichtwidrige Amtshandlungen des Angeklagten mit dem niedrigen Lohn von RM 3,- beziehungsweise RM 2, - zufriedengegeben und bei einem seiner Besuche nach Vollziehung des Beischlafs auf eine Entlohnung ganz verzichtet hatte.
Alle Vorkommnisse stellen nach Auffassung des Reichsgerichts für den Angeklagten einen "Vorteil" dar.

Es hat den Anschein, daß das Reichsgericht dem von einer Prostituierten gewährten Geschlechtsverkehr einen gewissen materiellen Wert zumißt und daher der hier in Rede stehende immaterielle Vorteil in dieser Fallvariante letztlich als ein materieller Vorteil anzusehen ist, der sich problemlos in einen Geldwert umrechnen läßt.

Dieser Anschein wird noch dadurch verstärkt, daß das Reichsgericht[2)] ausführt, kein Vorteil solle darin liegen, daß der Mann ein besonderes sinnliches Gefallen an der Dirne gefunden habe und diese ihm freundlich entgegengekommen sei sowie ein persönliches Interesse gezeigt habe.

Für die zur Entscheidung stehende Frage macht es nach Auffassung des Reichsgerichts also keinen Unterschied, ob die bezahlte Dirne dem Mann in gefühlloser Weise und rein geschäftsmäßig handelnd den normalen Geschlechtsverkehr gestattet hat oder aber ihm freundlich und persönliches Interesse zeigend entgegengekommen ist.

c.) - RG St 71, 390 (396) -
Urteil des 5. Strafsenats vom 11.11.1937

In dieser Entscheidung ging es darum, daß ein Verwalter der NS-Volkswohlfahrt, der in dieser Eigenschaft bedürftigen Bürgern insbesondere Gutscheine, Bekleidungsstücke und Lebensmittelpakete auszuhändigen hatte, von Frauen die Gewährung des Geschlechtsverkehrs als Gegenleistung forderte.

Das Reichsgericht beruft sich auf die ständige Rechtsprechung, wonach die Gewährung des Ge-

---

2) siehe RG St 64, 291.

schlechtsverkehrs, die der Angeklagte von den Frauen forderte, sowie die Duldung unzüchtiger Handlungen durch die Frauen für den Täter einen "Vorteil" im Sinne der §§ 331, 332 StGB bilden sollen.

d.) Stellungnahme

Die Entscheidungen des Reichsgerichts lassen teilweise nicht erkennen, ob es sich bei der Gewährung des Geschlechtsverkehrs jeweils um einen echten immateriellen Vorteil handeln soll, oder ob letztlich ein materieller Vorteil angenommen wird.

In der Literatur[3)], insbesondere von Eberhard Schmidt, ist in dem Zusammenhang die Auffassung vertreten worden, die von der reichsgerichtlichen Rechtsprechung entschiedenen Fälle des Vorteils durch Gewährung des Geschlechtsverkehrs beruhten primär auf der Anwendung objektiv-materieller Gesichtspunkte, nicht jedoch auf Zugrundelegung einer subjektiv-immateriellen Auffassung.

Eberhard Schmidt begründet diesen Ansatz damit, daß zum einen bereits aus der Entscheidung RG St 9, 166, sichtbare Zweifel des Reichsgerichts erkennbar geworden seien, ob die Gestattung des Beischlafs überhaupt als Vorteilsgewährung angesehen werden könne[4)], und zum anderen die frühe Rechtsprechung mit der Entscheidung RG St 64, 291 aus dem Jahre 1930 aufgegeben worden sei[5)], da

---

3) vgl. Eberhard Schmidt, Bestech. Rn. 12 ff. = S. 5-8.

4) ders. Rn. 12 = S. 5 f.

5) ders. Rn. 13 f.

nunmehr die Gewährung des Geschlechtsverkehrs als Vorteil nur unter Heranziehung ausgesprochen objektiv-materieller Gesichtspunkte bejaht werde[6]. Die Beischlafgewährung der Dirne sei hier nur dadurch zum Vorteil geworden, daß das übliche Entgelt nicht oder nur in erheblich geringerer Höhe entrichtet zu werden brauchte[7].

Daraus, daß ein besonderes sinnliches Gefallen des Beamten an der Dirne keine Rolle spielen sollte, schließt Eberhard Schmidt, daß der Vorteil im Sinne der Bestechlichkeitsdelikte nicht der sinnliche Genuß an sich sein könne, sondern der Vorteil nur in einer errechenbaren Beziehung der Geschlechtsverkehrsgewährung zum Vermögen des Annehmenden bestehe.

Dann habe das Reichsgericht im Jahre 1937 (RG St 71, 396) in einem obiter dictum versucht, die Entscheidung aus dem Jahre 1930 (RG St 64, 291) wieder zu verwischen, indem es angeführt habe, daß die Gewährung des Geschlechtsverkehrs nach ständiger Rechtsprechung des Reichsgerichts einen Vorteil im Sinne der §§ 331, 332 StGB bildet.

Dieser allerdings nur scheinbare Widerspruch in der Rechtsprechung des Reichsgerichts löst sich jedoch bei näherer Betrachtung auf. Denn während es bei RG St 63, 291 darum ging, daß der Geschlechtsverkehr von einer für Jedermann käuflichen Prostituierten durchgeführt wurde und zudem teilweise - zwar nur geringe - Geldbeträge bezahlt wurden, handelte es sich bei den anderen

---

6) Schmidt, Bestech. Rn. 17.

7) siehe dazu RG St 64, 291 f.

beiden Fällen um Frauen, deren Lebenserwerb eben gerade nicht die Prostitution war.
Das bedeutet, daß dem von einer Prostituierten verrichteten Geschlechtsverkehr ein gewisser meßbarer Geldwert zukommt, der bereits die Voraussetzungen eines materiellen Vorteils erfüllt, ohne daß es dabei darauf ankäme, ob in dieser Geschlechtsverkehrsgewährung möglicherweise auch ein immaterieller Vorteil enthalten ist[8].

Im Gegensatz dazu kommt nach Auffassung des Reichsgerichts dem von den anderen Frauen verrichteten Geschlechtsverkehr scheinbar kein konkretisierbarer Geldwert zu, so daß der Vorteil des Annehmenden demgemäß in dem sinnlichen Genuß und nicht in der Ersparnis von Aufwendungen liegen soll[9].

Zusammenfassend kann hinsichtlich der Fallgruppe "Gewährung des Geschlechtsverkehrs" also gesagt werden, daß diese dem immateriellen Vorteilsbegriff unterfällt, soweit dem konkreten Geschlechtsverkehr kein eigenständiger Geldwert zukommt; andernfalls liegt bereits ein materieller Vorteil vor, der die Bestimmung eines immateriellen Vorteils überflüssig macht.

---

8) So wohl bereits Binding Lb II 2 S. 720 Fn. 7, der in der Ersparnis einer Ausgabe für das Prostituiertenentgelt einen Vermögensvorteil = materiellen Vorteil sieht.

9) so auch Kirschbaum/Schmitz, GA 1960, 323.

2.) Fallgruppe 2:
"Befriedigung des Ehrgeizes oder der Eitelkeit"

a.) - RG DRZ 1924, 326 -
Urteil des 3. Strafsenats, 3 D 359/24, vom 05.06.1924

Diese Fundstelle beinhaltet keinen Abdruck der Urteilsgründe, sondern lediglich den nicht amtlichen Leitsatz, welcher lautet: "Die Befriedigung des Ehrgeizes oder der Eitelkeit kann einen 'Vorteil' im Sinne des § 331 bilden.".

b.) - RG HRR 1940, Nr. 872 -
Urteil des Reichsgerichts vom 21.12.1939, 2 D 562/39

Diese Entscheidung klärt die Frage, ob die Anstellung eines Bruders des Beamten als Vorteil des Beamten zu bewerten sei.

Dazu führt das Reichsgericht aus, daß der Vorteil dem Beamten nicht für seine Person, sondern vielmehr auch für einen Angehörigen versprochen oder gewährt werden kann, um hierdurch den Beamten zu einer rechtswidrigen Handlung zu bestimmen. Jedoch muß der dem Angehörigen zugewendete Vorteil mittelbar auch dem Beamten zugute kommen, braucht für diesen jedoch kein Vermögensvorteil, auch kein Vorteil "materieller Art" zu sein. Es genüge auch z.B. die Befriedigung des Ehrgeizes und der Eitelkeit.

Auf den konkreten Fall bezogen konnte - so das Reichsgericht - ein Vorteil nicht materieller Art für den Angeklagten auch insofern in Betracht kommen, als es seinem Ansehen als Branddirektor der Stadt X. zugute kam, wenn sein Bruder eine so glänzende Anstellung fand, während es dem Ansehen des Angeklagten abträglich sein konnte, wenn es seinem Bruder nicht gelungen wäre, sich nach dem finanziellen Zusammenbruch wieder emporzuarbeiten.

Die Entscheidung aus dem Jahre 1940 verdeutlicht in ihren Gründen erstmalig, welche möglicherweise bei dem Amtsträger vorhandene Motivationslage bereits die Annahme eines immateriellen Vorteils im Sinne der Bestechungstatbestände erlaubt.

c.) - RG DR 1943, 76 -
Urteil des 4. Strafsenats vom 25.08.1942, 4 D 245/42

Ausgehend vom Leitsatz der Entscheidung können für den Beamten auch der Ruf der Zuverlässigkeit im Hinblick auf seine Versprechungen, die Erlangung oder Festigung von Freundschaften und die Erringung der Gunst eines Vorgesetzten Vorteile im Sinne der Bestimmungen über die Bestechung sein.

Es ging dabei um den Fall eines Regierungsangestellten, der als Preis- und Betriebsprüfer im September 1940 die Überprüfung einer Firma vorzunehmen hatte.
Der Angeklagte erbot sich dem Geschäftsführer der Firma gegenüber, die Akten in der Prüfungsangelegenheit dem Geschäftsgang zu entziehen, bis ein anderer Sachbearbeiter bestellt sei, sofern er - der Geschäftsführer - dem ebenfalls bei der Regierung in B. tätigen Regierungsoberinspektor O. ein Darlehen von 2.000,-- DM gewähre.

O. war, wie der Angeklagte wußte, verschuldet und wurde von seinen Gläubigern bedrängt. Das Darlehen sollte ausschließlich dem O. zugute kommen. Der Angeklagte, der mit O. eng befreundet war, hatte sich diesem gegenüber ehrenwörtlich verpflichtet, ihm durch Besorgung von Geldgebern aus der Not zu helfen. Auch stand er zu O. in einem gewissen Abhängigkeitsverhältnis, denn dieser war im Amte für ihn eine Respektsperson. Es ging dem Angeklagten letztlich darum, die freundschaftlichen Beziehungen zu O. zu festigen und zu erhalten.
Dies alles genügt laut o.a. Entscheidung für die Annahme eines immateriellen Vorteils auf Seiten des Angeklagten.
Grundsätzlich, so führt das Reichsgericht aus, sei zwischen dem Streben nach einem eigenen Vorteil und uneigennützigem Handeln zu unterscheiden. Die Besserung der dienstlichen Stellung in bezug auf Einkommen, Arbeitszuteilung, Beförderung u.ä. sei als Streben nach einem eigenen Vorteil immer ein Vorteil im Sinne der Bestechungsdelikte. Die uneigennützige Freundeshilfe könne dagegen grundsätzlich nicht als Vorteil im Sinne der Bestechungsdelikte angesehen werden.

Im konkreten Fall sei jedoch der eigene Vorteil des Angeklagten durch Verpflichtung mittels Ehrenwort begründet worden. Es genüge bereits, wenn eine Zuwendung an einen Dritten verlangt wird, um sich dadurch vor der Ehrenminderung zu bewahren, welche drohe, falls das Ehrenwort nicht eingelöst werde.
Im Zuge der Erörterung des Falles verweist das Reichsgericht auf ein unveröffentlichtes Urteil vom 30.11.1922 unter dem Aktenzeichen 2 D 528/22,

wonach keine Bestechung vorliegen soll, wenn die Zuwendung nur einem anderen, nicht aber - mindestens zugleich - dem Beamten persönlich einen Vorteil bringen soll. Der Beamte, der eine Zuwendung lediglich zur uneigennützigen Förderung eines von ihm erstrebten Zieles annimmt, mache sich keiner Bestechung schuldig.

d.) - RG St 77, 75 ff. -
Urteil des 2. Strafsenats vom 31.05.1943

Auf Seite 77 der Entscheidung führt das Reichsgericht aus, daß die "Vorteile" im Sinne der §§ 331 ff. StGB keine Vermögensvorteile zu sein bräuchten, nicht einmal Vorteile sachlicher Art. Es genüge auch die Befriedigung des Ehrgeizes, der Eitelkeit oder des Geltungsbedürfnisses.

In dieser sog. "Preisprüferentscheidung" ging es darum, daß der Angeklagte zunächst bis 1941 beim Reichskommissar für die Preisbildung als Preisprüfer tätig war. 1940 ließ er dem Syndikus der Firma B, welche mit dem Aufbau von Baracken beschäftigt war, gegenüber durchblicken, er beabsichtige, sich selbständig zu machen und Firmen über preisrechtliche Fragen zu beraten. Dann werde er sich auch der Firma B zur Verfügung stellen. Bereits im Oktober 1940 setzte er sich mit B in Verbindung und teilte mit, daß er bereits vor seinem Ausscheiden beim Reichskommissar für die Preisbildung Beratungen durchführen könne. Daraufhin kam man überein, daß der Angeklagte die Firma B vom 1. November an in preisrechtlicher Hinsicht beraten solle. Der Angeklagte forderte und erhielt dafür ein Honorar von monatlich 500,-- RM und bezog dieses bis einschließlich

Juni 1941. Er beriet die Firma B u.a. in solchen preisrechtlichen Angelegenheiten, die sich auch bei dem Reichskommissar für die Preisbildung in der Sachbearbeitung befanden.

Aus den Urteilsgründen wird ersichtlich, daß sich die Feststellung, daß bereits die Befriedigung des Ehrgeizes, der Eitelkeit oder des Geltungsbedürfnisses als Vorteil darstellt, in keinem sachlichen Zusammenhang mit der vom Gericht durchgeführten Entscheidung stand. Vielmehr wird ohne Fallbezug und ohne inhaltliche Begründung vom Senat dargetan, welches für ihn Vorteile immaterieller Art seien.

Somit ergibt sich, daß die vielfach in der Literatur zitierte Entscheidung des Reichsgerichts, jedenfalls was die Frage des immateriellen Vorteils anlangt, lediglich den Charakter eines "obiter dictums" besitzt. Dieses obiter dictum wird insbesondere deswegen in seinem Wert geschmälert, weil es ohne jeden Zusammenhang mit der behandelten Sache in die Entscheidungsgründe eingestreut ist. Es wird das Geheimnis des Reichsgerichts bleiben, warum gerade dieser Absatz auf Seite 77 unten und Seite 78 oben in die Entscheidungsgründe des konkreten Falles mit aufgenommen wurde.

e.) Stellungnahme

Die in der zweiten Fallgruppe unter dem Stichwort "Befriedigung des Ehrgeizes oder der Eitelkeit" zusammengestellten vier Entscheidungen des Reichsgerichts geben Anlaß zu einigen Anmerkungen über ihre Aussagekraft hinsichtlich des immateriellen Vorteilsbegriffes.

Bei dem Urteil aus dem Jahre 1924 (RG DRZ 1924, 326) handelt es sich lediglich um die Wiedergabe der bereits von Feuerbach im Jahre 1812 geprägten Formel von "Der Befriedigung des Ehrgeizes, der Eitelkeit und des Geltungsbedürfnisses" [10]. Es bleibt indes unklar, in welchem Zusammenhang und in welcher Bedeutung diese Formel innerhalb der Entscheidung zu sehen ist[11].
Zutreffend hat Eberhard Schmidt festgestellt, daß jene Entscheidung nur vereinzelt dasteht[12] und so schwerlich als Grundlage einer rechtsstaatlich akzeptablen späteren sogenannten "ständigen Rechtsprechung" angesehen werden darf.

Erst die Entscheidung RG HRR 1940, Nr. 872 zeigt ansatzweise auf, was als immaterieller Vorteil im Sinne einer Ehrgeiz- oder Eitelkeitsbefriedigung angesehen wird, ohne jedoch darauf zu verzichten, die bereits in RG DRZ 1924, 326 angeführte Formel zu wiederholen.
Es ist demnach bereits ausreichend, daß eine Anstellung des Bruders nach dessen finanziellem Zusammenbruch dem Ansehen eines städtischen Branddirektors zugute kommt, während eine Nichtanstellung dem Ruf des Direktors abträglich gewesen wäre.

Ganz auf der eben angeführten Linie liegt die Entscheidung vom 25.08.1942 (RG DR 1943, 76 f.),

---

10) Feuerbach, Themis oder Beiträge zur Gesetzgebung S. 210.

11) vgl. auch Eberhard Schmidt Rn. 18 = S. 9.

12) siehe auch Stein, NJW 1961, 434; a.A. Kirschbaum/Schmitz, GA 1960, 323, die jedoch in ihrer Argumentation wenig plausibel erscheinen; auch E. Fuhrmann, JR 1960, 455.

wonach für einen Beamten auch der Ruf der Zuverlässigkeit in seinen Versprechungen, die Erlangung und Festigung von Freundschaft und die Erringung der Gunst einer Respektsperson "Vorteile" sein können. Offensichtlich wird nunmehr die Grenze zum reinen Gesinnungsstrafrecht überschritten. Eberhard Schmidt[13] weist zutreffend darauf hin, daß sich "vor 1933 kein Strafsenat derartig von allen rechtsstaatlichen Hemmungen freigezeichnet haben würde"[14].

Die Entscheidung RG DR 1943, 76 ist im übrigen dadurch gekennzeichnet, daß das Vorliegen eines immateriellen Vorteils anhand einer kasuistischen Aufzählung, aus der keine generellen Abgrenzungskriterien zur Festlegung des Begriffs entnommen werden können, beurteilt wird.

Damit werden in anfechtbarer Weise einfache Behauptungen zu Begründungen, ohne daß sie einen eigenständigen Begründungsgehalt aufweisen[15].

Diese Konturlosigkeit des immateriellen Vorteilsbegriffs wird durch RG St 77, 75 (77 f.) aus dem Jahr 1943 noch weiter ausgebaut, indem in dieser Entscheidung, ohne den mindesten Bezug zu dem zu entscheidenden Fall aufzuweisen oder gar eine inhaltliche Begründung darzutun, warum hier so verfahren wurde, ausgeführt wird, daß "die Vorteile im Sinne der §§ 331, 332, 333 StGB keine Vermögensvorteile, nicht einmal Vorteile sachlicher Art zu sein brauchen; es genügt zum Beispiel auch die Befriedigung des Ehrgeizes, der Eitelkeit oder des Geltungsbedürfnisses".

---

13) Eberhard Schmidt Rn. 19, 20 = S. 9.

14) ablehnend, jedoch ohne Begründung Kirschbaum/Schmitz, GA 1960, 324.

15) vgl. auch Schlemmer S. 19 Fn. 60.

3.) Fallgruppe 3:
"Inaussichtgestelltes besseres Leben"

- RG St 15, 359 -
Urteil des 1. Strafsenats vom 24.03.1878

Ausgangspunkt dieser Entscheidung des Reichsgerichts zum Vorteilsbegriff war, daß der Angeklagte dem R., als er diesen zur Ermordung des Direktors M. aufforderte, in Aussicht gestellt hatte, daß R. ein besseres Leben haben sollte, namentlich nicht mehr so früh morgens wie bisher mit seiner Arbeit beginnen müsse.

In dem in Aussicht gestellten besseren Leben liegt nach Auffassung des Reichsgerichts ein "Vorteil", da Vorteile irgendwelcher Art als ausreichend anzusehen seien. Im vorliegenden Fall komme es für die Beurteilung der Strafbarkeit des Angeklagten nicht darauf an, daß dieser dem R. keinen nach einem konkreten Geldbetrag zu bestimmenden Vorteil versprochen habe. Ebenso unerheblich sei, ob der versprochene Vorteil an sich überhaupt geeignet war, den R. in seinem Willen zu beeinflussen oder ob R. hätte in den Glauben versetzt werden müssen, er werde den Vorteil erhalten.
Entscheidend sei nur der ernstliche Wille des Angeklagten, den R. durch den in Aussicht gestellten Vorteil zur Ausführung des Verbrechens zu veranlassen. Daher sei das R. für den Fall der Ausführung der Tat in Aussicht gestellte bessere Leben ein Vorteil im Sinne von § 49a StGB.

Fraglich erscheint bereits, ob der vom Reichsgericht vor gut 100 Jahren angenommene Vorteilsbegriff des § 49a StGB mit dem sich für die Be-

stechungstatbestände des heutigen StGB ergebenden Vorteilsbegriff identisch ist.
Dabei hat Berücksichtigung zu finden, daß in § 49a a.F. "Vorteile irgendwelcher Art" bezeichnet werden und nicht schlicht "Vorteile", wie die §§ 331 ff. StGB es voraussetzen.
Bereits unter Zugrundelegung des Wortlauts wird somit erkennbar, daß der Vorteilsbegriff des § 49a a.F. jedenfalls über den des § 331 StGB hinausgeht[16].

Letztlich ist die Entscheidung aber auch zur Bestimmung des immateriellen Vorteilsbegriffes nicht geeignet[17], da Vorteile materieller Art, nämlich ein späterer Arbeitsanfang (bei gleicher Bezahlung wie vorher) und weitere meßbare Vorteile, die ein "besseres Leben" beinhalten, in Aussicht gestellt wurden.

So muß die vermeintliche dritte Fallgruppe im Hinblick auf die Bestimmung des immateriellen Vorteils der Bestechungsdelikte außer Betracht bleiben; denn Gegenstand der Entscheidung des Reichsgerichts sind hier letztlich nur materielle Besserstellungen gewesen, die in ihrer genauen Höhe nur nicht näher konkretisiert wurden.

---

16) siehe dazu im einzelnen BGH St 20, 3 f.

17) siehe auch Eberhard Schmidt Rn. 18 = S. 8 f.

4.) Fallgruppe 4:
"Vermeidung eines angedrohten Übels"

- RG St 64, 374 -
Entscheidung des 1. Strafsenats vom 17.10.1930

Das Reichsgericht behandelt in dieser Entscheidung das Problem, ob die Vermeidung eines angedrohten Übels als ein "Vorteil" im Sinne der §§ 49a, 331, 332 StGB gelten kann.

Dieser Frage lag zugrunde, daß der Vermieter der Angeklagten gedroht hatte, sie aus der Wohnung zu setzen, falls sie einen von ihm verlangten Meineid nicht leisten würde.
Im Grundsatz stellt das Reichsgericht fest, daß die bloße Vermeidung eines angedrohten Übels an sich nicht als ein "Vorteil" im Sinne des § 49a StGB (wie auch der §§ 331, 332 StGB) angesehen werden kann.
Jedoch könne der Hinweis auf eine sich an die Aufforderung knüpfende Folge, auch wenn sie zunächst im Gewande der Androhung eines Übels erscheine, zugleich ihrem Inhalt und Wesen nach als das Versprechen eines Vorteils erscheinen. Dies begründet das Gericht dahingehend, daß die an einen Mieter gerichtete Drohung, ihn aus der Wohnung zu setzen, zugleich ein Versprechen enthalten könne, anderenfalls das Mietverhältnis mit ihm fortzusetzen. Darin liege ein "Vorteil" jedenfalls dann, wenn der Vermieter die rechtliche oder auch nur die tatsächliche Möglichkeit habe, das Mietverhältnis zur Auflösung zu bringen, er also durch das in der Drohung steckende Versprechen einen Verzicht auf jenes Recht oder jene tatsächliche Möglichkeit zum Ausdruck bringt.

Da diese Voraussetzungen im betreffenden Fall vorlagen - die Mieterin lebte außerehelich mit einem Mann zusammen -, wird die Möglichkeit bejaht, die Drohung des Vermieters zugleich als Zusage insofern anzusehen, daß er von den ihm gegen die Mieterin zustehenden Rechtsbehelfen keinen Gebrauch machen werde, wenn sie seinem Ansinnen Folge leiste.
Das Gericht geht sogar soweit, daß es in dieser Drohung des Vermieters die Zusage erkennt, er werde auch in der Zukunft das außereheliche Zusammenleben dulden. Gerade darin würde dann das Versprechen eines Vorteils gelegen haben, auf Grund dessen die Mieterin die so bestimmte Aufforderung angenommen hätte.

Aus dieser etwas konstruiert wirkenden Entscheidung zum Begriff des Vorteils wird jedoch deutlich, daß nicht die Vermeidung eines angedrohten Übels an sich den Vorteil darstellt, sondern daß letztlich die Fortsetzung einer begünstigenden Situation, die einen wirtschaftlichen Wert besitzt, den Vorteil zugunsten des Täters ausgemacht hat.

5.) Zusammenfassung

Die Überprüfung der Rechtsprechung des Reichsgerichts im Hinblick auf den immateriellen Vorteilsbegriff ergibt, daß neben der unentgeltlichen Beischlafgewährung auch die Befriedigung des Ehrgeizes und der Eitelkeit, die Erringung der Gunst einer Respektsperson, der Ruf der Zuverlässigkeit im Halten von Versprechungen sowie die Erlangung und Festigung von Freundschaft ausreichen sollen.

Sieht man zunächst einmal von der Beischlafgewährung ab, so läßt sich aus den anderen Fallgestaltungen keineswegs ein objektiv meßbarer Vorteil zugunsten des Vorteilsnehmers erkennen. Vielmehr führt das Abschwenken in die subjektive Ebene dazu, daß jede gewünschte bzw. vermutete Besserstellung bereits ein immaterieller Vorteil der Bestechungsdelikte sein kann.
Es wird offenbar, daß "alles oder nichts" als immaterieller Vorteil angesehen werden kann, ohne daß im Ansatz erkennbar bleibt, was in der Negativabgrenzung eigentlich <u>kein</u> Vorteil ist[18)].

Es dürfte nicht zu weit gehen, wenn R. Schmitt[19)] feststellt, daß durch die Rechtsprechung des Reichsgerichts das Vorteilsmerkmal durch Verflüchtigung aus dem Tatbestand eliminiert wird. Das ist jedoch gerade deswegen so bedenklich, weil der Begriff des Vorteils als Tatbestandsmerkmal für die Bestechungstatbestände bestimmend, geradenach konstitutiv, ist.

Insgesamt muß daher festgestellt werden, daß die Rechtsprechung des Reichsgerichts keinerlei Anhaltspunkte dafür bietet, den immateriellen Vorteilsbegriff hinreichend bestimmbar zu machen.

---

18) so Eberhard Schmidt, Bestech. S. 9;
Schmitt ZStW 73, 418; Klug JZ 1960, 726;
Lange, Niederschr. S. 345.

19) in ZStW 73, 418 unter Hinweis auf ein ähnliches Vorgehen bei der Vorteilsabsicht des § 259 StGB.

II. Der immaterielle Vorteil in der Rechtsprechung des Bundesgerichtshofs

Der BGH definiert in nunmehr einheitlicher Weise den Vorteil im Sinne der §§ 331 und 332 StGB als jede Leistung, auf die der Amtsträger keinen Rechtsanspruch hat und die seine wirtschaftliche, rechtliche oder auch nur persönliche Lage objektiv verbessert[20].

Damit wird der Begriff des Vorteils nicht lediglich auf materielle Vorteile beschränkt, sondern umfaßt auch immaterielle Vorteile.

Sowohl materielle als auch immaterielle Vorteile werden bereits dann als gewährt angesehen, wenn sie dem Begünstigten auch nur mittelbar zugute kommen[21].

Es soll nun überprüft werden, ob die Rechtsprechung des BGH dem Begriff des "immateriellen Vorteils" schärfere Konturen verliehen hat, als dies zuvor durch das Reichsgericht geschehen ist.

Die amtliche Entscheidungssammlung beinhaltet bis zum 33. Band insgesamt 45 Urteile[22], die die

---

20) vgl. an neuerer Rechtsprechung lediglich BGH St 33, 336; 31, 279.

21) vgl. BGH St 33, 336 unter Hinweis auf
BGH St 14, 128;
BGH NJW 1959, 346;
RG St 13, 396.

22) BGH St 1, 182; 1, 216; 1, 266; 2, 397; 3, 143; 4, 293; 5, 100; 5, 227; 6, 311; 7, 150; 8, 214; 8, 355; 9, 218; 9, 245; 10, 237; 10, 296; 10, 367; 11, 125; 11, 345; 12, 146; 12, 191; 13, 328; 14, 124; 15, 88; 15, 184; 15, 185; 15, 217; 15, 239; 15, 286; 15, 350; 15, 352; 16, 37; 16, 41; 16, 207; 18, 59; 18, 264; 19, 27; 20, 1; 21, 169; 25, 96; 29, 300; 30, 46; 30, 314; 31, 264; 32, 290.

Bestechungsdelikte der §§ 331 bis 335a StGB zum Inhalt haben[23].

Davon ist jedoch nur ein geringer Teil von fünf Urteilen für die Frage nach dem immateriellen Vorteil von Belang.

Das liegt primär an der Tatsache, daß Geld oder geldwerte Gegenstände sich in der Praxis des Bestechungsfalles als das geeignetste Mittel zur Käuflichmachung von Amtshandlungen erwiesen haben.

Weiterhin haben noch drei Urteile des BGH, die an anderen Fundstellen abgedruckt sind, Berücksichtigung für die hier in Rede stehende Frage zu finden.

1.) - BGH St 14, 123 -
Urteil vom 03.02.1960, 4 StR 437/59

In dieser Entscheidung des BGH aus dem Jahre 1960 taucht zum ersten Mal die schon aus der reichsgerichtlichen Rechtsprechung bekannte Formel von der Befriedigung des Ehrgeizes und der Eitelkeit wieder auf.

Es verdient jedoch Beachtung und damit auch der näheren Beschreibung, auf welche Weise dieses "immaterielle Vorteilsmerkmal" in die Entscheidungsgründe (S. 128) gelangt ist.

Unter anderem lag diesem Urteil eine Revision des Beschwerdeführers zugrunde, der in einem Falle nicht für sich, sondern für einen anderen Beamten Geschenke gefordert hatte. Im Zuge der insoweit erfolgreichen Revision hat der BGH

---

23) Hinzu kommt BGH St 33, 336 (§ 108b StGB - Wählerbestechung).

entschieden, daß die tatbestandsmäßige Handlung der §§ 331 f. StGB nur in dem Annehmen, Fordern oder Sichversprechenlassen eines Geschenks oder eines anderen Vorteils und nicht etwa in der Vornahme der an sich rechtmäßigen oder der pflichtwidrigen Amtshandlung liege.
Das Erstreben des Vorteils setze dabei auf Seiten des Beamten den Willen voraus, den Gegenstand des Geschenkes zu behalten oder doch über ihn als eigenen und für eigene Zwecke zu verfügen[24].
Dies - so der BGH - sei nicht der Fall, wenn ein Beamter lediglich als Werkzeug eines anderen Beamten für diesen den vollen Bestechungslohn vom Bestecher einziehe, ohne selbst einen Anteil davon zu erstreben.

In genau diesem Zusammenhang weist der Senat[25] darauf hin, daß die Strafkammer in der neuen Hauptverhandlung zu prüfen habe, ob ein Fall der sogenannten "mittelbaren Bestechung" vorliege, wie beispielsweise die Zuwendung von Vorteilen an Angehörige eines Beamten[26], oder ob der Beschwerdeführer entsprechend den in RG St 42, 382 aufgestellten Grundsätzen als Gehilfe des anderen Beamten gemäß §§ 332, 49 StGB zu bestrafen sei.
Im Falle "mittelbarer Bestechung" sei zu beachten, daß der dem Angehörigen zugewendete Vorteil mittelbar auch dem Beamten zugute kommen müsse; insoweit brauche aber kein Vermögensvorteil vorzuliegen, es genüge z.B. auch die Befriedigung

---

24) BGH St 14, 127 unter Verweis auf RG St 58, 263, 266; 68, 251, 256.

25) BGH St 14, 123 (128).

26) unter Hinweis auf RG St 13, 396.

des Ehrgeizes und der Eitelkeit[27].

Der BGH hat mit dieser Entscheidung die vom Reichsgericht bereits begonnene Rechtsprechung zur Fallgruppe "Befriedigung des Ehrgeizes oder der Eitelkeit"[28] fortgeführt, ohne einen Begründungs- oder Abgrenzungsansatz für das so kaum bestimmbare benannte Vorteilsmerkmal zu erbringen.
Vielmehr wird in einem erneuten obiter dictum zum einen auf das im Jahre 1943 ergangene [29] und zum anderen auf die fragwürdige Begründung des Reichsgerichts in HRR 1940 Nr. 872[30] ohne weitere Reflexion verwiesen.

2.) - BGH St 15, 217 (223) -
Urteil vom 27.10.1960, 2 StR 342/60

Das Urteil befaßt sich zwar nicht direkt mit dem Problem des immateriellen Vorteils; vielmehr geht es darum, ob die Bezahlung einer Hotelrechnung in Höhe von 13,50 DM für einen hohen Offizier der Bundeswehr durch eine Lieferfirma den Tatbestand der Bestechlichkeit (§ 331 StGB) erfüllt, wenn der Vorteil nicht als Gegenleistung für eine konkrete Amtshandlung gedacht ist.

In diesem Zusammenhang bestätigt der BGH[31] jedoch, daß es für die Anwendung der Bestechungstatbestände nicht genüge, wenn sich der Vorteils-

---

27) Dabei verweist die Entscheidung auf RG HRR 1940 Nr. 872 sowie RG St 77, 78.

28) vgl. dazu S. 31-37.

29) RG St 77, 75 (77 f.).

30) vgl. S. 31, 35 f.

31) BGH St 15, 217 (223).

geber mit dem Geschenk lediglich allgemeines Wohlwollen und Geneigtheit des Beamten sichern wolle. Dies sei in der Rechtsprechung stets anerkannt worden.

Daraus, daß im vorliegenden Fall bereits die Tatbestandsmäßigkeit der Bestechungstatbestände im Hinblick auf materielle Vorteile ausgeschlossen wird, ergibt sich folglich, daß erst recht bei Vorliegen lediglich immaterieller Vorteile ein erreichtes oder beabsichtigtes allgemeines Wohlwollen und die Geneigtheit des Beamten jedenfalls nicht ausreichen können, um nunmehr die Tatbestandsmäßigkeit zu bejahen.

3.) - BGH St 15, 239 (250 ff.) -
Urteil vom 27.10.1960, 2 StR 177/60

Die bereits in der Entscheidung BGH St 15, 217 (223) aufgeführten Kriterien des Beziehungsverhältnisses zwischen der Gegenleistung des Vorteilsgebers und der angesonnenen pflichtwidrigen Amtshandlung werden auch in diesem Urteil erneut aufgenommen und bestätigt.
Das Bemühen um eine wohlwollende Amtshandlung, eine günstige Ausgangsposition, das Erhoffen einer Bevorzugung, der Versuch, sich den Beamten zu Dank zu verpflichten, rechtfertigen danach noch keine Verurteilung, weil diesen üblicherweise gebrauchten Formulierungen nicht entnommen werden könne, welche bestimmte Pflichtverletzung Gegenstand der Unrechtsvereinbarung gewesen sei.

Der BGH stellt in dieser Entscheidung weiterhin heraus, daß nicht jeder aus Anlaß oder bei Gelegenheit einer Amtshandlung gewährte Vorteil für

eine Amtshandlung hingegeben sein muß [32].
Dieser Vorteil könne vielmehr häufig seinen Grund in den Regeln des sozialen Verkehrs und der Höflichkeit haben, denen sich auch ein Beamter schwer entziehen könne, wenn er nicht gegen gesellschaftliche Formen verstoßen und damit unter Umständen sogar das Ansehen der Behörde schädigen wolle. Aus diesem Grunde gehe es nicht an, jede auch noch so geringe Aufmerksamkeit ohne weiteres als Bestechungsmittel anzusehen. Deswegen soll die Gewährung der Übernachtung in einem Gästehaus, die Einladung in die Werkskantine oder zu einer Mahlzeit in einem Restaurant, ein übliches Mitnehmen oder Abholen mit dem Kraftwagen nicht schon deshalb der Bestechung des Empfängers dienen, weil dieser ein Beamter ist [33].

In dieser Entscheidung des BGH wird zur Bestimmung des Vorteilsbegriffs vorrangig auf das Vorhandensein oder das Nichtvorhandensein des konkreten Beziehungsverhältnisses zwischen dem Vorteil und der Amtshandlung abgestellt.

Ob insoweit eine Bestimmbarkeit des immateriellen Vorteilsbegriffs möglich ist, bedarf einer genaueren Untersuchung; jedenfalls werden hier durch die Rechtsprechung erstmalig Negativabgrenzungen des immateriellen Vorteilsbegriffs deutlich ausgesprochen.

---

32) BGH St 15, 239 (251 f.).

33) BGH St 15, 252 unter Verweisung auf RG St 2, 129; 19, 19, 22.

4.) - BGH St 31, 264 (279) -
Urteil vom 10.03.1983, 4 StR 375/82

In diesem Urteil hat sich der entscheidende Senat mit der Auffassung des Erstgerichts, die Straftatbestände der §§ 331, 332 StGB seien deshalb nicht erfüllt, weil der Angeklagte keinen Vorteil angenommen, gefordert oder sich habe versprechen lassen, auseinandergesetzt.
Nach Auffassung des Landgerichts hatte den Zahlungen des Vorteilsgebers an den Angeklagten ein rechtswirksam abgeschlossener Beratungsvertrag zugrunde gelegen. Aus diesem Grunde sollten die gewährten Geldbeträge lediglich vertraglich geschuldete Gegenleistungen für die Beratungstätigkeit des Angeklagten gewesen sein, die auch in ihrer Höhe den von ihm erbrachten Beratungsleistungen entsprochen hätten.

Diese Auffassung hielt der rechtlichen Nachprüfung durch den BGH nicht stand, der in diesem Zusammenhang den Begriff des Vorteils wie folgt definiert:

"Unter Vorteil im Sinne der §§ 331 und 332 StGB ist jede Leistung zu verstehen, auf die der Amtsträger keinen Rechtsanspruch hat und die seine wirtschaftliche, rechtliche oder auch nur persönliche Lage objektiv verbessert."

In Fällen wie dem vorliegenden kann nach Auffassung des BGH ein Vorteil bereits im Abschluß eines Vertrages liegen, der Leistungen an den Amtsträger zur Folge hat, und zwar selbst dann, wenn diese nur das angemessene Entgelt für die von ihm selbst aufgrund des Vertrages geschuldeten Leistungen sind[34].

Begründet wird die Auffassung damit, daß anderenfalls die Bestechungstatbestände stets durch die Vereinbarung eines Vertragsverhältnisses zwischen Amtsträger und Leistungsträger ausgeschlossen werden könnten. Daher liege bereits im Abschluß des Beratungsvertrages jedenfalls das Sichversprechenlassen eines Vorteils, wobei es nicht darauf ankomme, ob die Zahlungen als angemessene Honorierung der Beratungsleistungen des Angeklagten anzusehen seien.

Entscheidend ist nach Meinung des BGH vielmehr das Vorliegen eines Äquivalenzverhältnisses und damit die Beantwortung der Frage, ob der Vorteil die Gegenleistung für die Vornahme von Dienstgeschäften gewesen ist [35].

Auch diese Entscheidung verdeutlicht, wie pauschal der BGH mit dem Tatbestandsmerkmal "Vorteil" umgeht.

So wird in apodiktischer Weise [36] auf die vielfach in Literatur und Rechtsprechung [37] vorhandene Definitionsformel vom "Rechtsanspruch, auf den der Amtsträger keinen Anspruch hat", zurückgegriffen.

Während diese Formel für geldwerte Leistungen dort zu überzeugen vermag, wo es allgemein akzeptierte Preise oder Tarife gibt, muß sie in den Fällen freiverantwortlicher Einigung der

---

34) Hinweis auf BGH St 18, 263, 267; RG St 77, 75 (77 f.); RG DR 1943, 77.

35) BGH St 31, 280 = NStZ 1984, 503.

36) vgl. Dingeldey NStZ 1984, 505.

37) ausführliche Nachweise in BGH St 31, 279.

Vertragspartner versagen, wie Dingeldey[38] zutreffend nachgewiesen hat.

---

38) Dies wird an folgendem Beispiel verdeutlicht:
1. Ein als Amtsträger bestellter Mitarbeiter einer Landesbank finanziert ein privates Immobilienobjekt über eine private Hypothekenbank, mit der er auch ständig dienstlich zusammenarbeitet. Aufgrund seiner detaillierten Kenntnisse des Hypothekengeschäfts erhält er nach zähen Verhandlungen sehr günstige Zins- und Tilgungskonditionen, die allerdings auch ein beliebiger Dritter mit entsprechenden Kenntnissen und ähnlichem Verhandlungsgeschick erzielt hätte.

2. Der Mitarbeiter eines Bauamtes vergibt die Rohbauarbeiten für sein Privathaus an eine lokale Baufirma. Da die Baukonjunktur sehr schlecht ist und er den Markt genau kennt, gelingt es ihm, einen Preis zu vereinbaren, der unter den Selbstkosten des Bauunternehmers liegt. Dieser hat einen so niedrigen Preis akzeptiert, da er sonst keinerlei Beschäftigung für sein Unternehmen hätte.

In beiden Beispielen haben die Amtsträger keinen gesetzlichen Anspruch auf irgendeinen Preis oder eine bestimmte Leistung. Sie sind insofern in einer Situation wie jeder andere Bürger auch; allerdings besitzen sie aufgrund ihrer Tätigkeit besondere Sachkunde. Es wäre absurd, von einem Amtsträger in dieser Lage zu verlangen, wie ein nichtqualifizierter Nachfrager auftreten zu müssen, wenn seine Spezialkenntnisse grundsätzlich allgemein zugänglich sind. Das zweite Beispiel zeigt, daß auch das Kriterium der Gewinnerzielung durch den Leistungsanbieter als Bestimmungsmerkmal für das Tatbestandsmerkmal Vorteil nicht geeignet ist. Gerade in jüngster Zeit werden in vielen Branchen nicht kostendeckende Aufträge hereingenommen, ohne daß dies grundsätzlich wirtschaftlich unvernünftig ist. In dem Bereich freier Leistungsbewertung liegt daher erst immer dann ein Vorteil im Sinne der §§ 331 ff. StGB vor, wenn der Amtsträger die Leistung zu einem Preis erhält, der einem entsprechend informierten und verhandlungsgeschickten Dritten nach objektiven wirtschaftlichen Kriterien nicht gewährt worden wäre. Siehe NStZ 1984, 505.

Überdies - und dieser Mangel wiegt erheblich schwerer - soll es nach dem BGH nicht so sehr auf den "Vorteil" ankommen; man habe vielmehr in erster Linie auf die sogenannte Unrechtsvereinbarung[39] abzustellen.
Hierzu bleibt in systematischer Hinsicht nur anzumerken, daß dem Tatbestandsmerkmal "Vorteil" auch insofern eine entscheidende Bedeutung zukommt, als sich die Frage nach der Unrechtsvereinbarung überhaupt erst stellen kann, nachdem das Vorhandensein des "Vorteils" bejaht worden ist.

5.) - BGH St 33, 336 -
Urteil vom 21.10.1985, 1 StR 316/85

Ausgangspunkt dieser Entscheidung ist ein Fall der Wählerbestechung.
Nach § 108b Abs. 1 StGB wird wegen Wählerbestechung bestraft, wer einem anderen dafür, daß er nicht oder in einem bestimmten Sinne wähle, Geschenke oder andere Vorteile anbietet, verspricht oder gewährt.
Diese Vorschrift ist den allgemeinen Bestechungstatbeständen nachgebildet[40].
Da die Mittel und Tatbestandsmodalitäten des § 108b Abs. 1 StGB in ihrer Ausgestaltung denen der Vorteilsgewährung im Sinne des § 333 StGB entsprechen, ist der zweite Leitsatz der Entscheidung, der lautet:
"Vorteil im Sinne des Tatbestandes können auch Zuwendungen an Personenvereinigungen sein, die

---

39) BGH St 31, 280.
40) vgl. Nachweise NJW 1986, 859.

deren Mitgliedern unmittelbar zugute kommen" hinsichtlich des hier in Rede stehenden immateriellen Vorteilsbegriffs von Bedeutung.

Für den mittelbaren Vorteil gilt die gleiche Definition wie für den unmittelbaren Vorteil; danach ist ausreichend, daß Leistungen materieller und immaterieller Art, auf die der Empfänger keinen Rechtsanspruch hat und die seine wirtschaftliche, rechtliche oder persönliche Lage objektiv verbessern, gewährt werden[41].

Wann diese Voraussetzungen bei Mitgliedern von Personenvereinigungen im Hinblick auf Zuwendungen an die Vereinigung gegeben ist, soll - so der BGH - als Frage des Einzelfalles beurteilt werden. Dabei sei insbesondere das persönliche Interesse des jeweiligen Mitglieds an dem der Personenvereinigung gewährten Vorteil von Bedeutung. Die Interessenlage könne insoweit je nach Art der Zuwendung unter den Mitgliedern ein und derselben Vereinigung durchaus unterschiedlich sein.

Der Entscheidung, die einen Vorteil annimmt, lag folgender Fall zugrunde:
Der Angeklagte, der bereits zwei Wahlperioden Bürgermeister einer Stadt gewesen war, stellte sich 1984 zur erneuten Wiederwahl. Im ersten Wahlgang erzielte der Gegenkandidat mehr Stimmen, jedoch nicht die erforderliche Stimmenmehrheit, so daß ein erneuter Wahlgang, bei dem die höchste Stimmenzahl für die Wahl des Bürgermeisters genügte, anberaumt wurde.
Vor diesem Wahlgang entfaltete der Angeklagte eine erhöhte Aktivität, um seine Wahl als Bürger-

---

41) unter Hinweis auf BGH St 14, 123 (128); BGH NJW 1959, 345 (346); RG St 13, 396.

meister zu erreichen, wobei er sein besonderes Augenmerk auf einen selbständigen Ortsteil richtete, in dem er im ersten Wahlgang besonders schlecht abgeschnitten hatte. Anläßlich eines Wahlfrühschoppens in diesem Ortsteil wurde er darauf angesprochen, daß für das im Jahre 1979 ungenehmigt errichtete Vereinsheim des ortsansässigen Sportvereins bisher trotz dreier verschiedener Baugesuche eine Baugenehmigung nicht erteilt worden und im Zuge des Wahlkampfes das Gerücht vom Abbruch des Vereinsheims ausgestreut worden war.
Der 2. Vorsitzende des Sportvereins äußerte, daß der Abbruch des Vereinsheims nur über "unsere Leichen" gehe; entweder "100 tote Sportler oder 100 Stimmen mehr".

Deshalb beschloß der Angeklagte, die Baugenehmigung, für deren Erteilung die Stadt formell zuständig war, welche jedoch mit Wissen des Angeklagten nach materiellem Baurecht nicht erteilt werden durfte, gleichwohl unverzüglich zu erteilen, um sich dadurch eine nicht unerhebliche Anzahl von Wählerstimmen zu verschaffen.
Er erließ und unterzeichnete die Baugenehmigung und informierte den Vereinsvorstand über die Erteilung.
Im zweiten Wahlgang erzielte der Angeklagte insgesamt einen Stimmenvorsprung von 29 Stimmen, wobei er in dem Ortsteil, in dem das Vereinsheim belegen war, 32 Stimmen hinzugewann und damit zum Bürgermeister gewählt wurde.

Im vorliegenden Fall bestehe - so der BGH - kein Zweifel, daß die beiden Vorstandsmitglieder des begünstigten Vereins gerade wegen ihrer herausgehobenen Position ein starkes persönliches Interesse an der Bestandssicherung des ungenehmigt errichteten Vereinsheims gehabt hätten und ihnen durch die Erteilung der Baugenehmigung für den Sportverein ein "Vorteil" im Sinne des § 108b StGB gewährt worden sei.

Die Entscheidung läßt jedoch nicht erkennen, welche konkrete Motivationslage bei den Vorsitzenden gerade die Bejahung des Vorteils ausgemacht haben soll.
Jedenfalls heben die Entscheidungsgründe [42] hervor, daß das Merkmal der Sozialadäquanz dazu diene, den Begriff "Vorteil" einzugrenzen.

Die vorbezeichnete Entscheidung läßt nicht unerhebliche Randunschärfen - wenn nicht sogar Unklarheiten - bei der Frage des immateriellen Vorteils erkennen.

Das liegt an folgendem:
Ausgehend vom 2. Leitsatz wird nicht erkennbar, wie und welcher Art die Zuwendungen an Personenvereinigungen nach Auffassung des BGH beschaffen sein müssen, um von mittelbarer Bestechung einer Einzelperson sprechen zu können.
Die Frage, worin der "Vorteil" für die beiden Vorsitzenden des Vereins gesehen werden kann, ist mit einer deutlich hervortretenden Pauschalität behandelt worden.
In der Literatur [43] wurde zutreffend darauf hingewiesen, daß primär der Verein als solcher durch die Genehmigung begünstigt worden sei, da nämlich

---

42) BGH St 33, 339 = NJW 1986, 860.
43) siehe Geerds, JR 1986, 254.

er, und damit a l l e Vereinsmitglieder, vom Abbruch des Heimes verschont worden seien.
In dieser Begünstigung liegt jedoch offensichtlich ein materieller Vorteil.
Daß es auf dieser Grundlage zu keiner Verurteilung gekommen ist, kann nur daran liegen, daß der erreichte Stimmenzuwachs von 32 Wählern trotz vorheriger Information des Vorstandes von der durch den Bürgermeister erteilten Genehmigung für die Annahme eines persönlichen Bezuges, der für ein Schmiergeldgeschäft notwendig ist, dem BGH nicht ausgereicht hat.
Deswegen stellt sich die Frage, welchen Vorteil die Vorsitzenden selbst erlangt haben, um so - wie geschehen - eine mittelbare Bestechung annehmen zu können.
Vorab bleibt festzuhalten, daß ein materieller und meßbarer Gewinn bei den Vereinsvorsitzenden tatsächlich nicht ersichtlich ist und auch vom BGH nicht festgestellt wurde. Der BGH hat vielmehr ein aus der herausgehobenen Position des Vorstandsmitgliedes resultierendes "starkes persönliches Interesse" als tatbestandlichen "Vorteil" angesehen und damit auf eine mittelbare immaterielle Besserstellung abgestellt.

Legt man nunmehr den immateriellen Vorteilsbegriff zugrunde, so bleibt zu beachten, daß in der Literatur im wesentlichen zwei Auffassungen vertreten werden.

Die engere Auffassung differenziert dahingehend, daß bei jedem mittelbaren Vorteil der dem Dritten zufließende Vorteil wirtschaftlich auch beim Amtsträger in irgendeiner Form zu Buche schlagen muß [44].

Die andere Meinung [45] läßt Kenntnis und Billigung der Zuwendung an einen Dritten ausreichen.

Diesen im Schrifttum gefestigten Meinungsstand nimmt der BGH schlicht nicht zur Kenntnis, indem er ohne weitere Begründung das Vorhandensein eines "immateriellen" Vorteils zugunsten der Vorstandsmitglieder in spekulativer Art feststellt.

Wenn auch die Entscheidung nicht erkennen läßt, welche konkrete Motivationslage bei den Vereinsvorsitzenden gerade die Bejahung des Vorteils ausgemacht haben soll, so wird man allenfalls feststellen können, daß lediglich vermehrtes Ansehen im Verein, Befriedigung von Eitelkeit pp. in Betracht kommen.

Obwohl solche Besserstellungen fast einhellig in der Literatur [46] als nicht ausreichend anerkannt sind, setzt sich der BGH damit weder auseinander noch erläutert er seine eigene Auffassung.

---

44) vgl. Schönke-Schröder-Cramer § 331 Rn. 22; weitere Nachweise siehe Geerds, JR 1986, 254 Fn. 12.

45) SK-Rudolphi § 331 Rn. 12;
derselbe in NJW 1982, 1421.

46) LK-Jescheck § 331 Rn. 9;
Schönke-Schröder-Cramer § 331 Rn. 19, 21;
Lackner § 331 Anm. 3 a bb;
SK-Rudolphi § 331 Rn. 21;
Dreher-Tröndle § 331 Rn. 11;
Geerds Best. S. 64 ff., 84 ff.;
Geerds, JR 1982, 383 f.;
Geerds, JR 1986, 254;
a.A. wohl Arzt/Weber LH 5 S. 138.

Die Entscheidung beläßt es bei der zweifelhaften Begründung, daß die Vorstandsmitglieder gerade wegen ihrer herausgehobenen Position ein starkes persönliches Interesse an der Bestanderhaltung des ungenehmigt errichteten Vereinsheims gehabt hätten[47].

Der Hinweis auf die mangelnde Bestimmtheit (Art. 103 Abs. 2 GG) des so strapazierten Vorteilsbegriffs[48] ist bei der vom BGH vorgenommenen Auslegung eines Tatbestandsmerkmals, welche keinerlei nachvollziehbare Kriterien erkennen läßt, mehr als berechtigt.

Offenbar hat der erkennende Senat die sich für die Bestechungsdelikte der §§ 331 ff. StGB ergebenden Konsequenzen nicht weitgehend genug bedacht, sondern sich lediglich von einem nicht näher zu bestimmenden gemutmaßten Interesse der Vereinsvorsitzenden leiten lassen. Die Folge dieses "großzügigen" Umganges mit dem Bestimmtheitsgebot des Art. 103 Abs. 2 GG ist, daß von einem als angemessen empfundenen Ergebnis her geurteilt wurde.

Es scheint somit ein Beispiel für einen Fall vorzuliegen, wo gestraft wurde, weil gestraft werden sollte, nicht jedoch, weil es sich aus den gesetzlichen Bestimmungen zwingend ergab.

---

47) BGH St 33, 340 = JR 1986, 253.

48) vgl. auch Geerds, JR 1986, 255.

Weitere Entscheidungen des BGH zum immateriellen Vorteilsbegriff finden sich außerhalb der amtlichen Sammlung in

6.) - BGH NJW 1959, 345 -
Urteil vom 21.11.1958, 1 StR 453/58[49])

Der Entscheidung lag zugrunde, daß der Angeklagte der Freundin eines Untersuchungsrichters den Betrag von 20.000,-- DM angeboten hatte, damit sie ihren Beruf aufgeben und sich ein Häuschen bauen sollte. Zwischen dem Untersuchungsrichter und der Freundin bestanden feste, zur Zeit des Angebotes aber noch nicht realisierbare Heiratsabsichten.

Dazu führt die Entscheidung aus:

"Der Vorteil, der darin für den Untersuchungsrichter hätte liegen können, brauchte nicht materieller Art zu sein; die Tatsache, daß seine Freundin durch berufliche Verpflichtungen nicht gebunden und finanziell unabhängig gewesen wäre, konnte ihm für seine persönliche Lebensgestaltung vorteilhaft erscheinen. Wenn ihm also das Angebot auch nicht unmittelbaren Gewinn gebracht hätte, so hätte es doch Aussichten für die Zukunft enthalten. Auch dies ist ein Vorteil."

Es fragt sich jedoch, worin der in dieser Entscheidung angesprochene Vorteil <u>nicht materieller</u> Art liegen soll, da eine Aussicht auf Besserstellung der gesamten künftigen Lebenshaltung

---

49) In der amtlichen Sammlung Bd. 12, 191 sind die mit dem Vorteilsbegriff zusammenhängenden Ausführungen nicht abgedruckt,
vgl. auch DRechtspr. III (336) Bl. 97 d.

des Untersuchungsrichters gerade einen materiellen Vorteil für diesen beinhaltet[50].

Die Entscheidung ist daher nicht geeignet, neue Gesichtspunkte für eine tatbestandsmäßige Begrenzung des "immateriellen Vorteils" zu erbringen.

7.) - BGH JZ 1960, 30 = BGH NJW 1959, 1834 -
Urteil vom 21.07.1959, 5 StR 188/59

Der Leitsatz stellt fest, daß eine einmalige flüchtige Zärtlichkeit kein Vorteil im Sinne der Bestechung zu sein braucht.
Der Angeklagte hatte sich von einer Frau in scherzhafter Form nur versprechen lassen, sie werde ihn "einmal in den Arm nehmen". Einige Tage später kam es auf der Straße dazu, daß entweder er sie oder sie ihn einmal umarmte und dabei küßte.
Nach Auffassung des BGH scheint es nicht gerechtfertigt, wegen des geringfügigen und vorübergehenden "Sinnengenusses", der mit einer solchen flüchtigen Zärtlichkeit verbunden ist, ein Amtsverbrechen oder auch nur ein Vergehen im Amt anzunehmen. Das entspreche nicht dem Sinn dieser Strafbestimmungen.

Die Frage, ob und unter welchen Voraussetzungen schon die "Befriedigung des Ehrgeizes, der Eitelkeit oder des Geltungsbedürfnisses" einen solchen Vorteil ausmachen könne, blieb in dieser Entscheidung dahingestellt, da das Gericht bei dem Angeklagten eine derartige Motivationslage nicht erkennen konnte.

---

50) vgl. Eberhard Schmidt, Bestech. Rn. 27 = S.14.

Während dem Ergebnis der Entscheidung - Freispruch des Beamten - in vollem Umfang zuzustimmen ist, muß die Begründung des BGH als unzureichend bezeichnet werden, da es an der notwendigen Stellungnahme zu den Grenzen eines "immateriellen Vorteils" fehlt.

Der Hinweis auf den Sinn der Bestechungstatbestände und das Vorstellungsbild des Beamten hilft in der Frage der Abgrenzung nicht weiter, da er so allgemein und unbestimmt gehalten ist, daß allgemeingültige Schlußfolgerungen nicht möglich sind[51)].

Zu Recht ist dem BGH der Vorwurf gemacht worden [52)], nicht klargestellt zu haben, ob eine einmalige flüchtige Zärtlichkeit überhaupt ein "Vorteil" sein könne.

Bader [53)] meint hingegen in dieser Entscheidung erkennen zu können, daß der BGH einer übertriebenen Ausdehnung des Begriffs der Bestechung in juristisch fein umschriebener Form entgegentrete und - weil eine Selbstverständlichkeit - so zur Zurückhaltung in diesem Punkt mahne[54)].

Zwar erscheint die letzte Auffassung einleuchtend, wird jedoch vom objektiven Erklärungsinhalt des Urteils in keiner Weise getragen[55)].

---

51) so auch Schlemmer S. 19, der zutreffend darauf hinweist, daß durch eine auf zufälliger Kasuistik aufbauende Rechtsprechung, die genereller Rechtsgrundlagen entbehrt, erhebliche Rechtsunsicherheit entsteht.

52) Eberhard Schmidt, Bestech. S. 15.

53) Bader, JZ 1960, 1-4.

54) Bader, JZ 1960, 2 und insbesondere Fn. 6.

55) vgl. auch Baumann, BB 1961, 1060 Fn. 27.

8.) - BGH GA 1967, 154 -
Urteil vom 15.11.1966, 1 StR 403/66

Ein Vorteil im Sinne der §§ 331, 332 StGB kann entsprechend dem Leitsatz des BGH der Mitgenuß geistiger Getränke sein [56]. Jedoch soll von einem Vorteil dann nicht mehr die Rede sein, wenn der Beamte einen entsprechenden Anteil zu dem Gelage beisteuert.

Aus der Entscheidung wird ersichtlich, daß der BGH den Umstand, daß es dem Beamten möglicherweise erhebliche Freude bereitet hat, im Kreise einer bestimmten Gruppe von Menschen an einem Trinkgelage teilzunehmen, nicht als eventuellen immateriellen Vorteil in Form des Lustgewinns in Betracht gezogen hat.

9.) Zusammenfassung und Zwischenfazit

Zusammenfassend betrachtet, ist die Rechtsprechung des BGH zum immateriellen Vorteilsbegriff ebensowenig wie die des Reichsgerichts geeignet, hinreichend bestimmte Abgrenzungskriterien zu liefern.
Die Definition des "Vorteils" als jegliche Leistungen materieller und immaterieller Art, auf die der Empfänger keinen Rechtsanspruch hat, und die seine wirtschaftliche, rechtliche oder persönliche Lage objektiv verbessern [57], kann jedenfalls im Hinblick auf den unmittelbar und mittelbar immateriellen Vorteil noch nicht als

---

56) Hinweis auf RG GA 1941, 383.

57) BGH St 31, 264 (279) m.w.N.; 33, 336 = NJW 1986, 860 = JZ 1986, 300 = wistra 1986, 106.

befriedigend angesehen werden, da sie bei näherer Betrachtung keinerlei Randschärfe erkennen läßt. Es bedarf insbesondere noch einer eingehenderen Untersuchung, ob das vom BGH als entscheidend angesehene Merkmal der Sozialadäquanz[58] tatsächlich das geeignete Kriterium ist, um das Tatbestandsmerkmal des immateriellen Vorteils einzugrenzen.
Gleichwohl der BGH [59] die schon vom Reichsgericht[60] im wesentlichen ohne Begründung herangezogene Fallgruppe von der Befriedigung der Eitelkeit und des Ehrgeizes als Vorteilsmerkmal ohne weitere Erläuterung aufgenommen hat, scheinen die zwischenzeitlich vorgenommenen Negativabgrenzungen, die kasuistischer Natur [61] sind, nunmehr eine restriktive Auslegung des so definierten immateriellen Vorteilsbegriffs zu ermöglichen.

---

58) NJW 1986, 860.

59) BGH St 14, 123 (128).

60) RG DRZ 1924, 325; RG HRR 1949, Nr. 872; RG DR 1943, 76; RG St 77, 75 (77).

61) BGH St 15, 217 (223), wonach die Sicherung allgemeinen Wohlwollens und Geneigtheit des Beamten nicht genügt;
BGH St 15, 239 (250), das Bemühen um eine wohlwollende Amtshandlung, eine günstige Ausgangsposition, das Erhoffen einer Bevorzugung, der Versuch, sich den Beamten zu Dank zu verpflichten, reichen nicht aus;
BGH JZ 1969, 30 = NJW 1959, 1834, die flüchtige Zärtlichkeit als vorübergehender Sinnengenuß ist noch kein immaterieller Vorteil.

III. Der immaterielle Vorteil in der Rechtsprechung der Oberlandesgerichte

Verschiedentlich haben sich auch die Oberlandesgerichte mit dem Begriff des immateriellen Vorteils der Bestechungsdelikte auseinandergesetzt, so daß hier auf eine Darstellung und - soweit erforderlich - auch auf eine Besprechung nicht verzichtet werden soll.

1.) - BayObLG St 20, 84 -
Urteil vom 09.03.1920

Wie sich aus dem letzten Leitsatz der Entscheidung ergibt, soll unter einem "Vorteil" im Sinne der §§ 331, 332 RStGB nur ein materieller Vorteil zu verstehen sein.

Unter den Vorteilsbegriff fällt danach nicht eine Annehmlichkeit, wie sie in dem in Rede stehenden Fall für einen Assessor in dienstlicher und persönlicher Hinsicht durch eine Beseitigung der gegen ihn z.Zt. vorliegenden Beschwerde entstanden wäre.

2.) OLG Hamm, DRZ 1948, 449

Das OLG Hamm greift die Rechtsprechung des Reichsgerichts zum "Vorteil" durch die Gewährung von Geschlechtsverkehr auf und schließt sich dieser an, ohne dabei neue Argumentationsaspekte erkennen zu lassen. Der Beamte, der sich den Geschlechtsverkehr gewähren läßt, macht sich dementsprechend wegen Bestechlichkeit schuldig.

3.) - OLG Hamburg HE St 2, 341 Nr. 192 -
Urteil vom 30.07.1949, Ss 198/39

Das OLG Hamburg befaßt sich ausführlich mit dem damaligen Streit zwischen der "materiellen" und der "immateriellen" Vorteilsauffassung und gelangt zu dem Ergebnis, daß es grundsätzlich keine Rolle spiele, ob der Vorteil unmittelbar dem Beamten gewährt wird oder ihm nur mittelbar zugute kommt.

Bei den sogenannten immateriellen Vorteilen sei demgegenüber eine Sachleistung, die in das Vermögen des Empfängers übergeht, nicht erkennbar. Hier werde vielmehr durch bestimmte äußere Vorgänge, die der Beamte positiv werte, ein Lustgefühl hervorgerufen. In diesem Lustgefühl sei der immaterielle Vorteil zu erblicken, ohne daß die äußere Veranlassung eine Rolle spiele, insbesondere also, ohne daß eine Vermehrung des Vermögens des Beamten eintrete.
So gesehen stellt sich der Vermögensvorteil für das OLG Hamburg nur als eine durch die Sachbezogenheit herausgehobene bestimmte Unterart des immateriellen Vorteils dar.

Das Gericht schlußfolgert, daß dann die Frage zu stellen sei, ob nur die mit einer Vermögensvermehrung oder Erweiterung der Sachherrschaft verbundene Befriedigung des Empfängers strafrechtlich bedeutsam sein solle oder ob es hierauf nicht ankomme. Davon ausgehend, daß weder der Wortlaut noch der Sinn und Zweck des Gesetzes zur Beschränkung auf Vermögensvermehrung oder Erweiterung der Sachherrschaft nötige, gelangt das OLG Hamburg zu der bereits vom Reichsgericht in RG St 77, 75 (78) vertretenen Auffassung.

Jedoch macht es eine gewisse Einschränkung geltend, die sich aus neuentwickelten Richtlinien ergebe:
"Auch ein immaterieller Vorteil verletzt grundsätzlich das geschützte Rechtsgut, sofern ein Beamter hierdurch zu einer Entscheidung bestimmter Art beeinflußt werden soll. Das gilt im allgemeinen auch dann, wenn durch den Vorteil materiell ein anderer Staatszweck gefördert wird, der Beamte aber wegen seiner besonderen Vorliebe hierfür in seinem sachlichen Ermessen hinsichtlich der zur Entscheidung stehenden Frage "bestimmt" werden soll.
Ist der Beamte jedoch dazu berufen, das Schwergewicht der Staatszwecke von sich aus zu bestimmen und in seiner Entscheidung insoweit grundsätzlich frei - was in der Regel nur in den Spitzenstellen des Staates in Betracht kommt -, so kann die Ausnutzung des größeren Wohlwollens nach der einen Richtung hin nicht als unzulässige Einflußnahme aufgefaßt werden, sofern der Beamte nicht über sein Interesse an der Förderung des besonderen Staatszweckes hinaus für einen sonstigen persönlichen Lebenskreis materielle oder immaterielle Förderungen erwartet."

Das OLG Hamburg erkennt unter grundsätzlicher Fortführung der reichsgerichtlichen Rechtsprechung[62)] jedoch, daß letztere sehr weit geht und faßt als Konsequenz daraus den Vorteil der §§ 331 ff. StGB einengend im Sinne eines "zur Beein-

---

62) siehe RG St 77, 75 (78).

flussung des Beamten tauglichen Vorteils" [63] auf.

4.) - OLG Oldenburg, NdsRpfl 1950, 179 -
Urteil vom 11.07.1950, SS 69/50

Das OLG Oldenburg faßt den Begriff des Vorteils weit und beschränkt ihn nicht auf Vermögensvorteile oder Vorteile materieller Art.
Es wird unter Verweisung auf das Reichsgericht [64] die Befriedigung des Ehrgeizes, der Eitelkeit oder des Geltungsbedürfnisses als genügend angesehen. Gleiches gelte für Erleichterungen bei der Arbeit [65].

---

63) Freiheit in der Auswahl der Staatszwecke kann nach Auffassung des Gerichts - selbst wenn sie einen immateriellen Vorteil darstellt - nicht ausreichen, um einen Vorteil im Sinne der Bestechungstatbestände darzustellen. Im konkreten Fall ging es u.a. um die Niederschlagung eines Verfahrens, was auch im Aufgabenbereich des Beamten lag. Wenn der Beamte über die für die Niederschlagung als amtliche Begründung gegebenen sachlichen Erwägungen politischer und wirtschaftlicher Art hinaus aus persönlicher Neigung weitere Staatszwecke höher einschätzte als die Verfolgung des staatlichen Strafanspruchs, so soll dies im Rahmen der amtlichen Abwägung der Staatszwecke gelegen haben. Das bei erfolgreicher Verwirklichung errungene Ansehen sei ein Reflex der Erfüllung dienstlicher Pflichten und daher ein der reinen Persönlichkeitssphäre des Beamten zugeordneter Vorteil. Ein solcher Vorteil könne nach bestehenden Auffassungen über das geschützte Rechtsgut jedenfalls bei einem Beamten dieser herausgehobenen Stellung nicht als strafbar im Sinne des § 333 StGB angesehen werden.

64) RG DR 1943, 1040.

65) unter Bezugnahme auf RG DR 1943, 76.

Zudem liege bereits in der leihweisen Überlassung eines Kraftwagens zur Erledigung der Dienstgeschäfte ein Vorteil[66].

Dem hier entschiedenen Fall lag zugrunde, daß zwei Beamte eine Viehhändlerin veranlaßt hatten, den reparaturbedürftigen Dienstwagen, einen Opel Kadett, durch einen Autoschlosser reparieren zu lassen. Der Opel Kadett sollte für spätere Dienstfahrten beider Angeklagten verwendet werden. Sie hatten vorher einen Opel Olympia, der ihrem Vorgesetzten, dem Bauern R., gehörte, für ihre Dienstfahrten benutzt; R. drängte jedoch auf Rückgabe seines Wagens.

Das OLG Oldenburg hat die für den Vorteil erforderliche Besserstellung als gegeben angesehen. Zwar könne es zweifelhaft erscheinen, ob die Angeklagten nicht den Opel Olympia des R. hätten weiterbenutzen können, wenn die Reparatur des Opel Kadett nicht möglich gewesen wäre. Doch in diesem Fall habe für sie ein Vorteil vorgelegen, weil sie sich durch die Rückgabe des Opel Olympia an ihren Vorgesetzten ihm gefällig erwiesen hätten und er sie für besonders pflichteifrige und gewandte Beamte habe halten müssen. Der Ansicht, daß ein Vorteil "dienstfremd" sein müsse, daß also kein Vorteil vorliege, wenn dadurch gleichzeitig eine Förderung der Dienstbelange eintrete, kann nach Auffassung des Senats nicht gefolgt werden.

---

66) Verweisung auf eine unveröffentlichte Entscheidung des erkennenden Senats unter dem Aktenzeichen Ss 58/49.

Diese Entscheidung hat in der Literatur[67] zu Recht nicht unerhebliche Kritik erfahren, weil das OLG Oldenburg nicht genügend erwogen hat, welche Konsequenzen sich aus der vorgenommenen Subjektivierung des Vorteilsbegriffs ergeben können.
Den Vorteil unter dem Gesichtspunkt der von den Angeklagten erstrebten "Arbeitserleichterung" zu bejahen, bedeutet nämlich, die Grenzen des Vorteilsbegriffs nicht mehr genau bestimmbar zu machen und damit Rechtsunsicherheit herbeizuführen.

Die sich aus einer Anwendung der Grundsätze dieser Entscheidung ergebende Konsequenz für andere Fälle hat Eberhard Schmidt[68] anhand eines gleichgelagerten Beispielfalles dargelegt. So würde auch ein Beschuldigter, der offene Geständnisse ablegt, von sich aus freiwillig alle Komplizen verrät, alle Beweismittel herausgibt und auch sonst in einer von ihm gar nicht verlangten Weise dem Staatsanwalt und dem Richter die Arbeit leicht macht, um eine möglichst freundliche Stimmung zu erzielen und sich eine unverdient günstige Beurteilung zu sichern, Vorteile im Sinne der §§ 331 bis 333 StGB gewähren. Denn seine auf ein sachwidrig mildes Urteil gerichtete Absicht mache ihn aus § 333 StGB strafbar; aber auch das Verhalten von Staatsanwalt und Richter, die sich diese "Vorteile" gewähren lassen, würde damit zum mindesten unter § 331 StGB, möglicherweise sogar unter § 332 StGB fallen können.

---

67) vgl. Eberhard Schmidt, Bestech. Rn. 23.

68) siehe ders. Rn. 23 = S. 12 f.

Das gewählte Beispiel zeigt, daß eine derart extensive Interpretation des Vorteilsbegriffs Ergebnisse herbeiführen kann, die ganz offensichtlich in keiner Weise dem Regelungsgehalt der Bestechungsdelikte entsprechen.

5.) - OLG Zweibrücken, NStZ 1982, 204
= JR 1982, 381 -
Beschluß vom 15.12.1981, 1 Ss 3/81

Die wie folgt lautenden Leitsätze in der Entscheidung des OLG Zweibrücken:

"Ein Beamter der Kriminalpolizei, der seine Tätigkeit zur Aufklärung von Straftaten in seiner Freizeit fortsetzt und dafür sein privates Kraftfahrzeug benutzt, macht sich nicht der Vorteilsannahme schuldig, wenn er sich von dem an der Aufklärung der Straftat interessierten Geschädigten den für die Ermittlungsfahrten erforderlichen Kraftstoff unentgeltlich zur Verfügung stellen läßt.
Das gilt auch, wenn er mit seiner zusätzlichen Tätigkeit sein Ansehen bei seinem Vorgesetzten fördern oder seinen Ehrgeiz befriedigen will."

lassen zunächst eine Abkehr von der immateriellen Vorteilsauffassung des BGH im Hinblick auf die Fallgruppe "Befriedigung von Ehrgeiz und Eitelkeit" vermuten. So eindeutig bleibt dies jedoch nach Durchsicht der Entscheidungsgründe nicht mehr.
Ausgangspunkt ist die Auffassung des OLG, daß der in der Benzinüberlassung liegende momentane Vermögenszuwachs auf Seiten des Angeklagten kein Äquivalent für die zusätzlichen Ermittlungen, mithin nicht deren Preis, sondern lediglich deren

Existenzbedingung, die objektive Bedingung ihrer Durchführbarkeit, darstelle.
Begründet wird dieser Standpunkt damit, daß dem Kriminalbeamten Benzin nicht für seine Ermittlungstätigkeit überlassen, sondern lediglich als Mittel zur Ermöglichung der Diensthandlung selbst übereignet wurde.
Auch habe er einen Vorteil weder gefordert noch erhalten. Da nach höchstrichterlicher Rechtsprechung als "Vorteil" jede unentgeltliche Leistung materieller oder immaterieller Art verstanden werde, die den Täter besserstellt und auf die er keinen rechtsbegründenden Anspruch hat[69], habe der Angeklagte zunächst keinen materiellen Vorteil erlangt, weil er das Benzin überwiegend auf Fahrten verbraucht habe, die er zur Observierung oder zur Vornahme sonstiger Ermittlungen zur Aufklärung der Baustellendiebstähle unternommen hätte, also gerade nicht für private Zwecke, sondern für die Amtshandlung selbst. Einen Vorteil durch die Leistungen des Geschädigten habe dann allenfalls der Fiskus erlangt, der für die Ermittlungsfahrten nunmehr dienstliche Mittel erspart habe, die, wären sie nicht durch die Eigeninitiative des Angeklagten unternommen worden, seitens der Dienststelle für notwendig oder sachdienlich angesehen und demzufolge gebilligt worden wären.
Dieser Vorteil reicht nach Auffassung des Senats indes zur Verurteilung des Angeklagten nicht aus[70].

---

69) Fundstellennachweis siehe NStZ 1982, 204.

70) siehe JR 1982, 382 unter Hinweis auf Rechtsprechung und Literatur zur sogenannten "mittelbaren Bestechung".

Im vorliegenden Fall soll auch dann, wenn der Angeklagte ausschließlich zur Befriedigung seines Ehrgeizes gehandelt hätte, ein Vorteil im Sinne der Bestechungstatbestände nicht vorgelegen haben.

Zwar sei es nicht mehr fraglich, daß immaterielle Vorteile, wie hier beispielsweise die Befriedigung des Ehrgeizes oder die Förderung des Ansehens, für die Anwendung des § 331 StGB ausreichten [71], jedoch fordere der Täter des § 331 StGB oder gewähre der Geber einen Vorteil nur dann, wenn dieser dem Amtsträger als unmittelbare Frucht von selbst und ohne weiteres Zutun zufalle[72].

An jenem Erfordernis fehle es vorliegend in zweierlei Hinsicht. Einmal seien der Vorteil des Angeklagten, sein Gewinn am dienstlichen Ansehen, und die Zuwendung der Firma ... (kostenlose Überlassung von Benzin) nicht identisch. Der hier in Frage stehende Vorteil, nämlich der Gewinn an dienstlichem Ansehen, habe sich nicht unmittelbar aus der Zuwendung durch die Firma ... (kostenlose Überlassung von Benzin) ergeben, sondern sich erst als mittelbare Folge dieser Zuwendung, insbesondere durch den dadurch ermöglichten Einsatz des Angeklagten, namentlich durch die von ihm aufgewendete Zeit und sein kriminalistisches Können, eingestellt. Es fehle gewissermaßen an der Stoffgleichheit zwischen dem zugewendeten und der hierdurch letzten Endes bewirkten Besserstellung des Empfängers.

---

71) vgl. JR 1982, 383 m.w.N.

72) RG St 66, 293; 58, 92;
Hinweis auch auf BGH St 20, 3.

Eine solche Stoffgleichheit, wie sie anerkanntermaßen beim Betrug (§ 263 StGB) zwischen dem vom Täter erstrebten Vermögensvorteil und dem Schaden des Opfers bestehen muß, hält der Senat zur Verhinderung einer ausufernden Anwendung auch bei den Bestechungstatbeständen für erforderlich. Zum anderen habe der Angeklagte den immateriellen Vorteil erst durch die Vornahme der Diensthandlung selbst erreicht.
Der Vorteil sei somit die Frucht seiner unermüdlichen Arbeit, nicht aber Vorteil im Sinne der Bestechungstatbestände[73)] gewesen.

Die im Ergebnis zutreffende Entscheidung - Freispruch des Polizeibeamten - enthält in ihrer Begründung einige für den hier zu untersuchenden immateriellen Vorteilsbegriff beachtenswerte Aspekte.
So wird trotz des zweiten Leitsatzes, der zunächst auf eine Abkehr von der immateriellen Vorteilsauffassung schließen läßt, dann in den Entscheidungsgründen die ominöse Formel von der Befriedigung des Ehrgeizes und der Förderung des Ansehens aufgegriffen [74)] und sogar als unfraglicher Vorteil der Bestechungsdelikte dargestellt[75)].
Eigentlich hätte nunmehr die Falle für den Kriminalbeamten zuschnappen müssen, denn es ist kaum

---

73) vgl. Nachweise NStZ 1982, 205.

74) siehe JR 1982, 383 = NStZ 1982, 205.

75) Dies mußte der Senat freilich auch tun, da er im Grundsatz der h.M., d.h. der immateriellen Vorteilsauffassung folgt;
vgl. dazu NStZ 1982, 205.

zweifelhaft[76], daß sich seine außerdienstlichen Aktivitäten unter die angeführte Fallgruppe subsumieren lassen [77] und damit einer Verurteilung wie in den beiden Vorinstanzen nichts mehr im Wege gestanden hätte.

Jedoch hat das OLG in dieser Situation darauf abgestellt, daß der Geber nur dann einen Vorteil gewähre, wenn dieser dem Amtsträger als unmittelbare Frucht[78] von selbst und ohne weiteres Zutun zufalle.

Die Verneinung dieser Voraussetzung erfolgt aus zwei Gründen. Zum einen grenzt der Senat zutreffend ab, daß das vom Angeklagten erstrebte bessere dienstliche Ansehen gerade nicht die unmittelbare Folge der Benzinüberlassung gewesen wäre, sondern erst durch den dadurch ermöglichten außerdienstlichen Einsatz hätte erreicht werden können. Damit wäre dann das erstrebte bessere dienstliche Ansehen, ohne daß dieses in concreto vorgelegen habe, die Frucht seiner weiteren (außerdienstlichen) Arbeit gewesen.

Zum anderen soll es an der Stoffgleichheit zwischen dem zugewendeten und der hierdurch bewirkten Besserstellung des Empfängers fehlen [79].

---

76) Auch wenn Geerds, JR 1982, 386 auf ein schlechtes Dienstverhältnis des Beamten zu seinem Vorgesetzten hinweist und gewisse Zweifel aufwirft, kann er die vom Erstgericht vorgenommene Tatsachenfeststellung, sei sie auch nur subjektiver Natur, nicht aus den Angeln heben, sondern bleibt ebenso wie die Revisionsinstanz daran gebunden.

77) Es ging dem Beamten auch gerade um das Erstreben besseren dienstlichen Ansehens, vgl. NStZ 1982, 205.

78) JR 1982, 383 unter Verweisung auf RG St 66, 392; 58, 92 und BGH St 20, 3: siehe dazu auch SK-Rudolphi § 331 Rn. 22; Wessels BT 1 S.214.

79) OLG Zweibrücken, JR 1982, 383.

Dieser letzte Ansatz erscheint - wie Geerds [80] zutreffend ausführt - insofern zweifelhaft, als zu fragen ist, ob es zulässig sein kann, die sich bei der Erfolgsabsicht des § 263 StGB aus dem Charakter des Vermögensverschiebungsdeliktes ergebende Stoffgleichheit auf die Bestechungsdelikte der §§ 331 ff. StGB zu übertragen.
Es wird weiterhin noch zu überprüfen sein, ob die auf den ersten Blick einleuchtende Lösung des OLG, nur dasjenige als relevanten Vorteil zu bewerten, was dem Amtsträger vom Geber selbst (unmittelbar) zugewendet wird, tatsächlich eine geeignete Grenzziehung bei der Auslegung des immateriellen Vorteilsbegriffs beinhaltet.
Jedenfalls ist mit dieser Entscheidung dem immateriellen Vorteilsbegriff im konkreten Fall entgegen einer sonst festzustellenden ausufernden Tendenz eine sinnvolle Grenze gesetzt worden.

6.) Zusammenfassung

Auch die zum immateriellen Vorteilsbegriff ergangene Rechtsprechung verschiedener Oberlandesgerichte vermag keine randscharfen Abgrenzungskriterien zu vermitteln.

Im wesentlichen wird die Rechtsprechung des Reichsgerichts und des BGH rezipiert, wobei lediglich die Entscheidung des OLG Zweibrücken, NStZ 1982, 204, einschränkende Anhaltspunkte erkennen läßt, indem nur das als relevanter Vorteil angesehen wird, was dem Amtsträger vom Geber <u>unmittelbar</u> selbst zugewendet wird.

---

80) Geerds, JR 1982, 386.

Damit können Besserstellungen immaterieller Art auf Seiten des Amtsträgers aus dem Tatbestand eliminiert werden, wenn sie nicht die unmittelbare Folge der Zuwendung des Vorteilsgebers sind. Dies führt letztlich zu einer Einschränkung des immateriellen Vorteilsbegriffs in einem Teilbereich.

Die Klärung der Frage, ob es der Literatur besser gelingt, den immateriellen Vorteilsbegriff zu bestimmen, wird im kommenden Abschnitt zu behandeln sein.

3. Kapitel

Darstellung und Analyse der Literatur zur Beschaffenheit des Vorteilsbegriffs

I. Der Begriff des Vorteils in der älteren Literatur bis zum StGB 1975

Der Streit in der Literatur über die Beschaffenheit des Tatbestandsmerkmals "Vorteil" der §§ 331-334 StGB ging im wesentlichen um die Frage, ob als Vorteil nur materielle, objektiv meßbare Besserungen der rechtlichen oder auch der wirtschaftlichen Lage des Empfängers zu verstehen sind, oder ob auch rein immaterielle Momente erfaßt werden können.

1.) Überblick

Die materielle Vorteilsauffassung [1)] verlangte hauptsächlich aus rechtsstaatlichen Erwägungen eine klare und unmißverständliche Umgrenzung des Vorteilsbegriffs. Die Begründung dieser Auffassung wird dem Satz "nullem crimen sine lege" ebenso entnommen wie der Ansicht, daß die Rechtsprechung ihre Aufgabe als Ordnungsfaktor in der Gemeinschaft nur dann erfüllen könne, wenn

---

1) vgl. Binding Lb II, 2 S. 720, 770;
Olshausen § 331, 3, b;
Frank § 331 Anm. II, § 49a Anm. II 3;
Birkmeyer S. 333 f.;
Kohlrausch-Lange § 331 Anm. IV;
Hofmeister S. 16;
Eberhard Schmidt, Bestech. S. 9 Rn. 18; S. 11 Rn. 23, S. 18 Rn. 34, S. 20 Rn. 37;
Klug, JZ 1960, 724;
Geerds, Bestechung S. 65 f.;
Schmidt-Leichner, NJW 1960, 846.

sie den rechtsstaatlichen Forderungen der Voraussehbarkeit und Meßbarkeit hoheitlichen Handelns genüge.

Der Gegenpol zur materiellen, die immaterielle Vorteilsauffassung [2], hingegen forderte eine lückenlose Erfassung aller denkbaren Bestechungsmittel und begründete dies im wesentlichen mit der Wahrung und Sicherstellung öffentlicher Belange. Die sich aus der weiten Ausdehnung des Vorteilsbegriffs möglicherweise ergebenden Härten müßten bereits wegen der Wichtigkeit des Rechtsguts in Kauf genommen werden[3].
Dieser Grundsatz, der das Übergewicht des Staatsinteresses betont, wurde bereits im Preußischen Strafrecht vertreten[4] und fand mit der Übernahme der preußischen Amtsdeliktsregelungen auch Eingang in das StGB von 1871.

2.) Die Vorteilsauffassungen im einzelnen

a.) Objektiv-materielle Auffassung

Die objektiv-materielle Vorteilsauffassung[5]

---

2) Simonson S. 83; Meves S. 965;
Katzenstein S. 172; Feisenberger S. 698;
Niederreuther DJ 40, 354; Krönig MDR 1949, 658;
Welzel Lb S. 460; Baumann BB 1960, 1251;
ders. BB 1961, 1059;
Kirschbaum/Schmitz GA 1960, 321 f.;
weitere Nachweise siehe auch bei Geerds S. 65, Fn. 334.

3) vgl. Katzenstein S. 174.

4) vgl. Goltdammers Mat. 2 S. 670 f.

5) Frank, 18. A. §§ 331 Anm. II; 49 Anm. II 3;
Birkmeyer S. 333 f.; Binding Lb 2 S. 720;
Eberhard Schmidt S. 3 Rn. 6; S. 9 Rn. 19;
S. 18 Rn. 34; Olshausen § 331 3b;
Hofmeister S. 16; Lange, Niederschr. 10, 345;
Klug, JZ 1960, 725.

schränkt den Vorteilsbegriff am weitesten ein. Sie verlangt eine "wenn auch nur vorübergehende, so doch objektiv meßbare Besserung der rechtlichen oder wirtschaftlichen Lage" des Empfängers und läßt dementsprechend immaterielle Vorteile, für die beispielhaft die Gewährung des Beischlafs oder sonstiger Zärtlichkeiten benannt werden, nicht ausreichen.

Das Hauptproblem der objektiv-materiellen Vorteilsauffassung liegt darin, daß, bedingt durch ihr einseitig betontes Streben nach einer genügenden Umgrenzung des Vorteilsbegriffs, die sich in der Praxis[6] als wirksame Bestechungsmittel erwiesenen sexuellen Gunstgewährungen nicht dem strafbaren Vorteilsbegriff unterfallen.

b.) Auch die nicht ganz so weit gehende Auffassung, die lediglich "materielle Vorteile" verlangt und eine Ausdehnung auf immaterielle Besserstellungen ablehnt[7], läßt offen, durch welche Merkmale der materielle Vorteil in diesem Sinne gekennzeichnet wird und auf welchen Bereich von Zuwendungen er sich erstreckt. Deutlich wird lediglich, daß der materielle Vorteil eine Mittelstellung zwischen geldwerten und immateriellen Vorteilen einnehmen soll[8].

---

6) vgl. Baldus GStK 10, 345 sowie RG St 9, 166 (167); 64, 291; 71, 390 (396).

7) Schütze S. 527; Teichmüller S. 17 f.; Alcalay S. 42; Oppenhoff-Delius § 331 Anm. 7; v. Schwarze § 331 Anm. 6; Schwartz § 331 Anm. 3a; Olshausen § 331 Anm. 3b; Gerland S. 267; Kohlrausch-Lange § 331 Anm. IV; BayObLG 20, 84 (88).

8) vgl. Binding Lb II 2 S. 720 Anm. 8; Geyer S. 159.

Das Fehlen einer abstrakten Definition wird durch eine Kasuistik verschiedener Zuwendungen auszufüllen versucht, wobei der Begriff des materiellen Vorteils vollständig aufgelöst wird, als beispielsweise das Vermeiden einer Strafe, eine erstrebte mildere Bestrafung, sinnliche Genüsse, insbesondere in der Form sexueller Gunstgewährungen, als materielle Vorteile genannt werden[9].
Diese Auffassung ermöglicht nicht mehr die Festlegung, wann und unter welchen Voraussetzungen kein materieller Vorteil anzunehmen ist.

c.) Die überwiegende Auffassung in der Literatur[10] läßt auch immaterielle Besserstellungen dem Vorteilsbegriff unterfallen.

Gleichwohl bleibt auch bei den Vertretern der immateriellen Vorteilsauffassung fast ausnahmslos[11] die Frage unbeantwortet, welche Beurteilungsgrundlagen für die Umgrenzung des immate-

---

9) Die Erkenntnis, daß die Praxis auf die strafrechtliche Erfassung von wirksamen Bestechungsmitteln nicht verzichten könne, soll nach Schlemmer, S. 17, die Grundlage der Verwendung des materiellen Vorteilsbegriffs gewesen sein.

10) vgl. ausführlichen Nachweis bei Schlemmer S. 18 Fn. 58; auch Baumann BB 1960, 1251; ders. BB 1961, 1059; Holling DR 1942, 1626; Krönig MDR 1949, 658; Kirschbaum/Schmitz GA 1960, 321, 323.

11) Auch Baumann BB 1961, 1059 f., der bei immateriellen Vorteilen mittels der "subjektiven Einschätzung" durch den Empfänger versucht, obskure Sachverhalte auszuschließen, hat damit keine Begrenzung des Vorteilsbegriffs geschaffen.

riellen Vorteils maßgebend sein sollen[12].

Eine Ausnahme macht lediglich Krönig[13], der darauf hinweist, daß es selbstverständlich sei, wenn das Schrifttum teilweise der Einbeziehung immaterieller Vorteile in den Bestechungstatbestand abgeneigt sei, weil diese in Ermangelung meßbarer Qualitäten der Einordnung in die Gruppe der "Marktwerte", also geldwerter Vorteile, zu widerstreben scheinen.
Gleichzeitig deutet Krönig aber auch darauf hin, daß "auf dem Jahrmarkt des Lebens, der eben zumeist auch ein Jahrmarkt der Eitelkeiten ist, eine Fülle nicht eigentlich wirtschaftlicher Werte vergeben und auch verhandelt wird". Die Zugehörigkeit zu einer bestimmten Gruppe, zu einer Schicht, einem "Clan", könne weit wertvoller sein als Geld; die Gunst einer Frau, oftmals mit jener Zugehörigkeit verknüpft, gelte in der Literatur unseres Kulturkreises als einer der erstrebenswertesten Vorteile. Auch die Befriedigung künstlerischen Ehrgeizes oder des Sammlerstolzes könne, ohne daß eine wirtschaftliche Zuwendung im Spiele sei, u.U. durchaus als marktfähiger Wert gelten.

Die Schwierigkeit einer Grenzziehung zeige sich anhand dieser aufgeführten Beispiele. Dabei müsse zudem berücksichtigt werden, daß in den genannten Fällen das entscheidende Merkmal "Vorteil" des-

---

12) Diesen Kritikpunkt macht sich insbesondere Eberhard Schmidt zu eigen, der die objektiv-materielle Vorteilsauffassung vertritt. Siehe ders. S. 16; vgl. auch Geerds, Bestech. S.64 f.

13) Krönig MDR 1949, 658 f.

wegen schwankender Natur sei, weil es der jeweiligen gesellschaftlichen Wertung unterliege[14].

Krönig sieht unter Anlegung des Maßstabes seiner Zeit (1949) Besserstellungen wie Lob, Anerkennung und Beförderungschancen, die sich nur aus der Pflichterfüllung des Beamten ergeben, nicht als Vorteile der Bestechungsdelikte an. Diese Besserstellungen befinden sich seiner Auffassung nach lediglich auf der außerstrafrechtlichen Ebene der altruistischen Hingabe[15].

Nach Schlemmer[16] soll angesichts des Umstandes, daß der immaterielle Güterbereich einer Person objektiven Bemessungsgrundlagen nur schwer zugänglich ist, als Grenze des immateriellen Vorteils lediglich die durchschnittliche, unbefangene Auffassung der Allgemeinheit unter Außerachtlassung extremer Ansichten unbedeutender Minderheiten in Betracht kommen.

Begründet wird die Auffassung mit dem Argument, daß im StGB auch in § 183 ("das Ärgernis), § 184 ("unzüchtig") und § 226a ("die guten Sitten")

---

14) Krönig MDR 1949, 659; dabei bleibt fraglich, was von einem sogenannten "gesunden Volksempfinden" gehalten werden kann.

15) Ähnlich argumentiert auch Schlemmer, S. 18 f., der darauf abstellt, daß die Regeln normaler Höflichkeit auch im Umfang mit Beamten ihre Gültigkeit behalten und daß ein freundliches Wort, eine Schmeichelei oder ein zuvorkommendes Verhalten vielleicht bei philosophischer Betrachtung der Bestechungsdelikte Vorteile seien, aber den tatsächlichen Gegebenheiten des Lebens widersprächen und eine derartige Interpretation des Vorteilsbegriffs zu gänzlich lebensfremden Ergebnissen führen würde.

16) Schlemmer S. 30.

das Vorliegen dieser Tatbestandsmerkmale nach Auffassung der Allgemeinheit zu beurteilen sei. Im Hinblick auf die §§ 331 ff. StGB, welche u.a. das Vertrauen der Allgemeinheit in die Ordnungsmäßigkeit und Sachlichkeit hoheitlicher Tätigkeit schützten, sei eine derartige Begrenzung der immateriellen Vorteile gerechtfertigt.

II. Der immaterielle Vorteil in der neueren Literatur (StGB 1975)

Zwar fallen nach herrschender Meinung unter den Vorteilsbegriff der Bestechungsdelikte auch immaterielle Vorteile, jedoch wird die Streitfrage, ob und vor allem inwieweit derartige Vorteile für die Bestechungsdelikte tatbestandsmäßig sind, immer noch unterschiedlich beurteilt.

Die wohl überwiegende Meinung [17] erkennt als Vorteile auch solche immaterieller Art an, jedoch nur, wenn sie

1.) einen objektiv meßbaren Inhalt haben und
2.) den Amtsträger in irgendeiner Weise tatsächlich besserstellen.

So wird die Qualifizierung der unentgeltlichen Gewährung des Geschlechtsverkehrs durch die Rechtsprechung als immaterieller Vorteil vom überwiegenden Teil des Schrifttums als zutreffend erachtet [18].

---

17) SK-Rudolphi § 331 Rn. 21;
Schönke-Schröder-Cramer § 331 Rn. 21;
Lackner § 331 Anm. 3a; Otto BT S. 466.

18) SK-Rudolphi § 331 Rn. 21;
Schönke-Schröder-Cramer § 331 Rn. 21;
Lackner § 331 Anm. 3a aa;
Arzt/Weber LH 5 Rn. 442; Blei BT S. 457;
Haft BT S. 282; Otto BT S. 466;
Wessels BT/1 S. 213; Welzel S. 539.

Hingegen geht die in der Rechtsprechung als ausreichend angesehene Befriedigung des Ehrgeizes oder der Eitelkeit, die erstrebte Gunsterringung bei einem Vorgesetzten und die Vermeidung eines angedrohten Übels den in der Literatur vertretenen Auffassungen fast einhellig zu weit[19]. Diese Auffassung wird zum einen damit begründet, daß es bei der letzten Fallgruppe an einer objektiv meßbaren Besserstellung fehle. Zum anderen sei die so weit gehende Rechtsprechung praktisch nur in obiter dicta vorhanden und damit in der Praxis ohne konkrete Fallauswirkung geblieben[20].

Demgegenüber scheint Baldus[21] eine einschränkende Auffassung zu vertreten. Er will nicht generell Vorteile immaterieller Art ausreichen lassen, sondern hängt einer differenzierten Betrachtungsweise an.
So soll der Ehrgeizige, dem eine lobende Erwähnung versprochen wird, keinen Vorteil erlangen; anders sei der Fall jedoch dann, wenn ihm die Beschäftigung an einem bevorzugten Platz oder die Beförderung in Aussicht gestellt werde.

Anders als die wohl überwiegende einschränkende Auslegung des immateriellen Vorteilsbegriffs wird von Teilen der Literatur[22] der immaterielle

---

19) vgl. Dreher/Tröndle § 331 Rn. 11;
SK-Rudolphi § 331 Rn. 21;
Lackner § 331 Anm. 3a aa;
Schönke-Schröder-Cramer § 331 Rn. 21;
Otto BT S. 466; LK Jescheck § 331 Rn. 9;
Blei BT S. 457; Schmidhäuser BT S. 262;
Welzel Lb S. 539.

20) siehe Fn. 19).

21) LK, 9. Aufl. § 331 Rn. 12.

22) siehe Geerds, Bestech. S. 65 f.;
ders. JR 1982, 384 (386); JR 1986, 253 (254).

Vorteil generell als nicht ausreichend erachtet, um zu einer Bestrafung nach den Vorschriften über die Bestechungsdelikte zu gelangen. Vielmehr sollen ausschließlich materielle Vorteile geeignete Tatbestandsmerkmale der Bestechungsstraftaten sein.

Es erscheint jedoch fraglich, ob diese Auffassung nach der Neufassung der §§ 331 ff. StGB noch haltbar ist.

Die Frage, ob immaterielle Vorteile überhaupt tatbestandsmäßig für die Bestechungsdelikte sein können und wie weit - bei Bejahung - dann der immaterielle Vorteilsbegriff gehen darf, kann nur mittels Auslegung beantwortet werden.

4. K a p i t e l

Auslegung des Vorteilsbegriffs

I. Der Begriff des Vorteils in der Begründung des EGStGB

Während der Arbeit der Großen Strafrechtskommission[1] stand bei der Ausgestaltung des Gesetzesentwurfes zur Bestechlichkeit und Bestechung statt des Ausdrucks "Vorteil" der Begriff "Entgelt" in Rede.

Dort wurde insbesondere von Lange[2] die Auslegung des Begriffs "Vorteil" durch die Rechtsprechung kritisiert, weil nach seiner Auffassung die Merkmale als Tatbestandseinschränkung durch uferlose Begriffsausdehnung wegfallen würden.
Ausdrücklich machte er auf die Gefahr aufmerksam, daß sich immer etwas finden lasse, was unter den "Vorteil" subsumiert werden kann und somit eine Bestrafung nach Willkürgesichtspunkten ermöglichen könnte.
Demgegenüber würde der Ausdruck "Entgelt" eine gewisse Einschränkung und die nötige rechtsstaatliche Gewähr bedeuten, die schon in einer älteren Tradition der Gesetzgebung verankert

---

1) Niederschriften 10. Bd. 1959 S. 344 f.

2) Niederschriften 10. Bd. 1959 S. 345, 347.

sei[3].
Dieser Auffassung hat sich die Große Strafrechtskommission nicht angeschlossen, da man befürchtete, den Tatbestand zu sehr einzuschränken. Als konkreten Anlaß hatte die Kommission letztlich nur die Fälle der Gewährung des Geschlechtsverkehrs für pflichtwidrige Handlungen im Auge, die man mit dem Begriff des "Entgelts" meinte nicht erfassen zu können[4].

---

3) Lange verweist auf das Preußische StGB, aus dessen Materialien hervorgeht, daß eine, wenn auch nur vorübergehende, so doch objektiv meßbare Besserstellung der rechtlichen oder wirtschaftlichen Lage erforderlich ist. Es darf seiner Auffassung nach nicht übersehen werden, daß letztlich Disziplinarmaßnahmen zur Verfügung stünden, wenn es um Handlungen gehe, bei denen der Begriff des Entgelts nicht erfüllt sei, jedoch ein Vorteil in dem von der Rechtsprechung verstandenen Sinne vorliege. Die Fälle, die wirklich kriminelle Verfolgung verdienten, ließen sich auch durch einen scharf begrenzten Tatbestand lückenlos erfassen.

4) Niederschriften 10. Bd. 1959 S. 345 f.:
Baldus weist darauf hin, daß die Gewährung des Geschlechtsverkehrs als nicht materieller Vorteil z.B. im Strafvollzugsrecht eine gewisse Bedeutung besitze und deshalb nicht allein dem Disziplinarrecht überlassen werden dürfe. Er läßt es jedoch ausdrücklich dahingestellt sein, ob der Ausdruck "Vorteil" allgemein der günstigste sei.
Gallas erklärt die Konsequenz aus der Verwendung des Begriffs "Entgelt" dahingehend, daß nunmehr der Geschlechtsverkehr kein Bestechungsmittel mehr sei, während bereits kleinste Geldbeträge genügten, als nicht einleuchtend. Gerade im Hinblick auf Amtsträger, die dienstlich viel mit Frauen zu tun hätten, wie Strafanstaltsbeamte, sei Entgegenkommen auf geschlechtlichem Gebiet das nächstliegende Bestechungsmittel, so daß man kaum darum herumkommen werde, den ausgedehnten Vorteilsbegriff zu verwenden. Ähnlich auch Schwalm, a.a.O.

Das wird weiterhin auch aus der Begründung des Entwurfs E 1962[5] deutlich, in dem bei den §§ 460 ff. StGB am Begriff des Vorteils festgehalten wurde, um außer den materiellen auch immaterielle Verbesserungen der Lage des Empfängers zu erfassen.
Namentlich erschien ein solches Vorgehen geboten, um den Geschlechtsverkehr, den der Amtsträger fordert, sich versprechen oder gewähren läßt, einbeziehen zu können.
Der Begriff des Entgelts sei zu eng, wenn er als eine in einem Vermögensvorteil bestehende Gegenleistung im Sinne des § 11 Abs. 1 Nr. 6[6] verstanden würde und irreführend, wenn er im Sinne des § 9 Nr. 8 E 1930 als Vorteil jeder Art aufgefaßt werde.

Eindeutig ist somit, daß sich der Gesetzgeber mit der Wahl des Begriffs "Vorteil" auch für die Strafbarkeit der sogenannten "immateriellen" Vorteile entschieden hat[7].
Kriterien, mit deren Hilfe der Begriff des Vorteils tatbestandsmäßig eingeschränkt werden kann, hat der Gesetzgeber nicht ausdrücklich dargetan und dies somit offenbar der weiteren Ausgestaltung durch Rechtsprechung und Literatur überlassen.
Jedoch scheint eine Tatbestandseinschränkung insofern denkbar, als der Gesetzgeber für die

---

5) BT-Dr. IV 650 S. 650.

6) E 1962: § 11 Abs. 1 Nr. 6 lautet: "Im Sinne dieses Gesetzes ist G. Entgelt: jede in einem Vermögensvorteil bestehende Gegenleistung."

7) so die ausdrückliche Begründung in BT-Dr. 7/550 S. 271.

immateriellen Vorteile keine den für Geldleistungen geltenden Vorschriften des Verfalls (§§ 73-73d StGB) entsprechende Normierung geschaffen hat, die als Rechtsfolge der Tat in Betracht kommen.
Im Grundsatz ist es wenig einleuchtend, weshalb ein Amtsträger, der eine Geldsumme erhalten hat, der Rechtsfolge des Verfalls unterzogen wird und somit den vollen Betrag verliert, jedoch derjenige Amtsträger, der einen immateriellen Vorteil erhalten hat, mit keinerlei gleichartiger Sanktion rechnen muß.
Sicherlich ist es schwerlich möglich, einen immateriellen Vorteil nach dessen Gewährung wieder zu entziehen; auch eine Wertersatzstrafe gestaltete sich problematisch. Jedoch hätte der Gesetzgeber die Rechtsfolge insofern ausdehnen können, als das Tatgericht in bestimmten Grenzen nach pflichtgemäßem Ermessen eine Geldstrafe aussprechen kann[8].
Darauf, daß ein derartiges Herstellen einer Beziehung zwischen immateriellen Werten und Geldwert im Wege pflichtgemäßen Ermessens dem deutschen Recht nicht fremd ist (vgl. §§ 847, 1300 BGB), hat bereits Schlemmer[9] im Jahr 1962 hingewiesen und einen entsprechenden Vorschlag dargetan.
Im StGB von 1975 wurde jedoch eine die immateriellen Vorteile betreffende Rechtsfolgenausdehnung nicht vorgenommen.
Damit wird deutlich, daß auch der Gesetzgeber nicht alle immateriellen Besserstellungen als

---

8) vgl. Schlemmer S. 29, Fn. 92.
9) Schlemmer S. 29.

tatbestandlichen "Vorteil" angesehen hat. Vielmehr sollen ausschließlich zu Unrecht erhaltene materielle Vergünstigungen als typische und damit besonders gefährliche Bestechungsmittel dem Verfall als strafrechtlicher Nebenfolge unterfallen.

II. Wortlaut - Auslegung

Betrachtet man den vom Gesetz verwendeten Begriff des "Vorteils" unter dem Aspekt des Wortsinns [10], so gilt hier sowohl für den allgemeinen als auch für den speziellen Sprachgebrauch des Gesetzgebers, daß der "Vorteil" jedenfalls über bloße materielle Vorteile hinausgeht.

Deutlich wird dies insbesondere für den speziellen Sprachgebrauch bei einem Vergleich mit dem in § 263 StGB verwendeten Begriff "Vermögensvorteil", der als auf materielle Vorteile abzielender Teilaspekt des "Vorteils" gerade nicht für die Bestechungsdelikte der §§ 331 ff. StGB verwendet wurde.

III. Teleologische Auslegung - Rechtsgutsanalyse

Da weder die historische noch die grammatische Auslegung des Tatbestandsmerkmals "Vorteil" zu einer eindeutigen und einheitlichen Begriffsbestimmung in dem Sinne führen, daß als Vorteile sämtliche materiellen und immateriellen Besserstellungen des Empfängers anzusehen sind, ist nunmehr ein Rückgriff auf die objektiv teleologische Auslegung vonnöten.

---

10) vgl. Larenz, Methodenlehre S. 241 f.

Danach ist der gegenwärtige Sinn und Zweck der Bestechungstatbestände des StGB maßgebend, wobei zunächst über die Beantwortung der Frage nach dem geschützten Rechtsgut[11] versucht werden soll, Ansatzpunkte für eine Bestimmbarkeit des immateriellen Vorteilsbegriffs zu finden.

1.) Allgemeine Betrachtung

Ausgangspunkt für die Herausarbeitung des Rechtsguts der Bestechungsdelikte, die sich im 29. Abschnitt des StGB unter der Überschrift "Straftaten im Amte" finden, sind drei Leitgedanken:[12]

1. der Schutz des Staates,
2. der Schutz der Allgemeinheit,
3. der Schutz des Bürgers.

Der erste Leitgedanke ergibt sich daraus, daß der Staat zunächst mit der Verleihung des Amtes eigene Machtbefugnisse verteilt und er so durch den Amtsmißbrauch unmittelbar getroffen wird.

Auch die Allgemeinheit wird durch den Amtsmißbrauch tangiert, weil die im Amt liegende Macht nur dann erträglich ist, wenn die Sicherungen gegen den Machtmißbrauch funktionieren. Der Machtmißbrauch des Amtsträgers erschüttert daher in einer über den Einzelfall hinausgehenden Weise das Vertrauen der Allgemeinheit in eine ausreichend kontrollierte Verwaltung.

Der dritte Leitgedanke folgt daraus, daß aus der Macht des Amtsinhabers ein besonderes Schutz-

---

11) vgl. Geppert Jura 1981, 46.
12) siehe Arzt/Weber LH 5, Rn. 419.

bedürfnis des Bürgers, der auf den Amtsträger angewiesen ist oder sich ihm nicht entziehen kann, resultiert und daher die Verläßlichkeit der Amtsträger gesteigert werden muß.

Die genannten drei Leitgedanken sind im Begriff des "Amtes" [13] verschmolzen [14]. Dabei wird noch festzustellen sein, ob bei den untersuchten Bestechungsdelikten der Akzent auf dem Schutz entweder des Staates oder der Allgemeinheit oder aber auf dem Schutz des betroffenen Bürgers liegt.

2.) Das geschützte Rechtsgut der §§ 331-335a StGB nach gesetzgeberischer Beurteilung

Geschütztes Rechtsgut ist nach dem erklärten Willen des Gesetzgebers "die Lauterkeit des öffentlichen Dienstes".

Die Bestechungsvorschriften sollen die Käuflichkeit von Diensthandlungen und die Befangenheit der Bediensteten durch einen Vorteil bei der Erfüllung ihrer Pflichten und damit auch eine Verfälschung des Staatswillens verhindern [15].

---

13) vgl. Amtsträgerdefinition in § 11 I Nr. 2 StGB.

14) h.M. vgl. Arzt/Weber LH 5, 130 (Rn. 419); Schönke-Schröder-Cramer, Bem. 1, 7-10 vor § 331;
abweichend: Wagner, Amtsverbrechen S. 104, 147, 170 ff., 269 ff., der in Staatszurechnungs- bzw. Nichtstaatszurechnungsdelikte einteilt.

15) siehe BT-Dr. 7/550 S. 269;
ähnlich auch BGH St 30, 46 (48), wonach Schutzgut das Vertrauen der Allgemeinheit in die Lauterkeit des öffentlichen Dienstes ist.

Eine ausführliche Darlegung des geschützten Rechtsgutes findet sich in der Bundestagsvorlage zum Entwurf E 1962[16].
Die Vorschriften des E 1962[17] sind vom Gesetzgeber des StGB 1975 ausdrücklich als Vorbild bezeichnet worden [18], so daß die Darlegungen zum Rechtsgut als gesetzgeberischer Wille ihre Bedeutung nicht verloren haben.

Danach wird das Rechtsgut der Lauterkeit des öffentlichen Dienstes in dem Sinne verstanden, daß dieser vor jeder Korruption bewahrt wird: "Verkäuflichkeit von Diensthandlungen, Befangenheit der Amtsträger durch einen Vorteil bei Erfüllung ihrer Pflichten und damit auch die Verfälschung des Staatswillens durch Vorteilsbelastete, sachlich unrichtige Handlungen der Amtsträger sollen bekämpft werden. Zugleich soll das Vertrauen der Allgemeinheit in die Unbefangenheit der Amtsträger und besonders Verpflichteten und damit auch die sachliche Richtigkeit ihrer Handlungen geschützt werden. Dieses Vertrauen wird nicht nur dadurch gefährdet, daß der Amtsträger unter dem Eindruck des Vorteils eine pflichtwidrige Handlung vornimmt, sondern schon dadurch, daß er den Anschein einer Bereitschaft hierzu erweckt, mag er auch innerlich zur Pflichtwidrigkeit gar nicht bereit sein und mag es auch zu der Handlung überhaupt nicht kommen.

---

16) BT-Dr. IV 650 S. 648 f.

17) Die §§ 460-463 E 1962 entsprechen weitgehend den §§ 331-334 StGB 1975. Siehe BT-Dr. 7/550 S. 270, 272, 274, 275.

18) BT-Dr. 7/550 S. 269.

Diese vielseitige Rechtsgutsbetrachtung ist zum Schutze vor Korruption unerläßlich. Sie hat auch in der Rechtsprechung des BGH Ausdruck gefunden (z.B. BGH St 15, 97 und 354) und hat die Ausgestaltung der Vorschriften entscheidend beeinflußt." [19]

Ausgehend von diesem durch den Reformgesetzgeber gewollten Rechtsgut der Lauterkeit des öffentlichen Dienstes muß jedoch beachtet werden, daß die gewählte Formel insgesamt recht allgemein gefaßt ist und daher auch konturenlos erscheint. Deshalb - und nicht weil Rechtsprechung und Literatur den §§ 331 ff. StGB ein anderes Rechtsgut unterschieben wollen - sind verschiedene Bemühungen unternommen worden, das Rechtsgut der Bestechungsdelikte zu definieren[20].

Es wird hier deutlich, daß der früher lebhaft geführte Streit über das Rechtsgut der Bestechungsdelikte nicht nur für das allgemeine Verständnis seine Bedeutung behalten hat, sondern auch heute noch dazu dienen muß, die gesetzgeberischen Formeln wie "Ansehen oder Lauterkeit des öffentlichen Dienstes" oder "Verfälschung des Staatswillens" auszufüllen, sie also transparent zu machen, und im Hinblick auf den Vorteilsbegriff auch zu einer ausreichenden, aber gleichzeitig dem gesetzgeberischen Ziel entsprechenden Bestimmbarkeit zu gelangen[21].

---

19) BT-Dr. IV 650 S. 648 f.

20) vgl. Blei BT S. 454 f.

21) so wohl auch Schönke-Schröder-Cramer § 331 Rn. 3.

3.) Rechtsgut nach Rechtsprechung und Literatur

a.) In der Rechtsprechung[22)] wird herkömmlich ebenso wie in Teilen der Literatur[23)] die "Reinheit der Amtsausübung und das Vertrauen in dieselbe" als Rechtsgut der Bestechungsdelikte angesehen, ohne jedoch andere Schutzgedanken grundsätzlich auszuschließen.

Zu Recht ist gegen diese Auffassung eingewendet worden, daß damit der spezifische Unrechtsgehalt der Bestechungsdelikte in dieser allgemeinen Fassung gegenüber den sonstigen Amtsdelikten nicht erfaßt wird[24)].

b.) Eine andere Ansicht im Schrifttum sieht den Normzweck der §§ 331 ff. StGB in dem Schutz vor einer "Verfälschung des Staatswillens" und deutet folglich § 331 StGB als abstraktes und § 332 StGB als konkretes Gefährdungsdelikt[25)].

Gegen diese Auffassung spricht, daß sie nicht in der Lage ist zu erklären, wieso nach § 331 Abs. 1 StGB die nachträgliche Annahme einer Be-

---

22) BGH St 10, 242; RG St 72, 174, 176.

23) H. Fuhrmann, GA 1960, 109;
Arth. Kaufmann JZ 1959, 376;
Schwalm Niederschriften 10, 281;
Nachweise siehe bei Geerds, Bestech. S. 44 Fn. 248 f., S. 45 Fn. 253 f.

24) Schönke-Schröder-Cramer § 331 Rn. 3;
Blei BT S. 454; Stock S. 245 f.; Geerds S. 48.

25) Baumann BB 1961, 1057;
Bockelmann ZStW 72 (1960), 257;
Dölling JuS 1981, 574; Henkel JZ 1960, 509;
Arth. Kaufmann JZ 1959, 375 ff.;
Eberhard Schmidt, Bestech. Rn. 149;
Maurach-Schroeder BT/2 S. 202.

lohnung für eine pflichtgemäße Diensthandlung strafbar ist[26].
Daher steht die Ansicht von der "Verfälschung des Staatswillens" jedenfalls insoweit nicht mit dem Gesetz in Einklang[27].

c.) Eine weitere Auffassung hat die "Unentgeltlichkeit von Amtshandlungen" als das Schutzobjekt der Bestechungsdelikte angesehen [28], weil der Täter versuche, die Amtshandlung zu einer käuflichen zu machen und damit in den Bereich marktmäßiger Beziehungen zu bringen[29].

Die gegen diese Meinung vorgebrachten Einwendungen betreffen die Tatsache, daß ein großer Teil aller Amtshandlungen nur gegen Gebühr vorgenommen wird und daher eine Beschränkung auf die Unentgeltlichkeit von Amtshandlungen nicht zutreffend sein kann [30].

Im übrigen wird nach jener Auffassung nicht die Unentgeltlichkeit oder Unverkäuflichkeit der Amtshandlung selbst geschützt, sondern vielmehr die Unverkäuflichkeit in dem Sinne, daß es ver-

---

26) Dreher § 331 Rn. 3;
Schönke-Schröder-Cramer § 331 Rn. 3.
Schröder GA 1961, 290;
vgl. insbesondere BGH St 15, 97.

27) vgl. auch Loos, FS-Welzel S. 882 f.

28) Birkmeyer Vgl. Darstellung IX S. 311;
Bohne SJZ 48, 697;
für § 331 Henkel JZ 60, 508;
Baumann BB 1961, 1058.

29) so auch Krönig MDR 1949, 658 f.

30) Schröder GA 1961, 289;
Schönke-Schröder-Cramer § 331 Rn. 3;
Fuhrmann ZStW 72, 537.

botenes eigennütziges Verhalten des Beamten zu verhindern gilt[31].

Jedoch kann der Eigennutz allein nicht die Strafwürdigkeit erklären, da dieser isoliert betrachtet als typisch menschlicher Wesenszug nicht ausreicht[32].
Auch hat Berücksichtigung zu finden, daß der Gedanke der Unentgeltlichkeit nur dort eine Rolle spielen kann, wo für jeden Bürger die amtliche Tätigkeit unentgeltlich zu leisten ist, der Beamte dennoch Geschenke entgegennimmt. Hier ist ein unsachlicher Einfluß auf die amtliche Tätigkeit möglich, wobei nicht die Tatsache der Geschenkannahme als solche, sondern ihre Beziehung zur amtlichen Tätigkeit, die an sich unentgeltlich zu leisten wäre, den entscheidenden Unrechtsgehalt ausmacht[33].

d.) Da somit keine der angesprochenen Lösungen völlig bedenkenfrei bleibt, neigen große Teile des Schrifttums[34] wie auch höchstrichterliche Entscheidungen[35] dazu, das Wesen der Bestechung darin zu finden, daß sie eine "generelle Gefähr-

---

31) vgl. Ebert GA 1979, 361, 371;
Dölling JuS 1981, 570.

32) vgl. Geerds, Bestech. S. 48 f.

33) vgl. Schröder GA 1961, 290.

34) Schönke-Schröder-Cramer § 331 Rn. 5;
Dornseifer JZ 1973, 268 f.;
Schröder GA 1961, 291; Haft BT S. 279;
Krey BT/1 S. 195; Otto BT S. 464;
Wessels BT/1 S. 211;
Dreher-Tröndle § 331 Rn. 3 m.w.N.;
LK-Jescheck vor § 331 Rn. 17 m.w.N.

35) BGH St 15, 354.

dung des Staatsapparates (darstellt), dessen Ansehen durch die Annahme von Geschenken für amtliche Tätigkeit gefährdet ist, da dadurch das Vertrauen der Allgemeinheit in die Sachlichkeit staatlicher Entscheidungen leidet".

Hiergegen ist Kritik vorzubringen. Denn auch der Gesichtspunkt genereller Staatsgefährdung ist nicht geeignet, eine abschließende befriedigende Erklärung zu liefern, da die Käuflichkeit von Amtshandlungen nicht bloß das subjektive Gefühl, sondern auch die objektiven Grundlagen des Vertrauens in die Integrität der Amtspflege erschüttert.
Eine Schutzzweckbestimmung, die lediglich generelle Gefährdungen des Staatsapparates verhindern will, ist an Folgewirkungen ausgerichtet, ohne deren Ursprünge, die es eigentlich zu verhindern gilt, bekämpfen zu können.

e.) Insbesondere Wagner vertritt die Ansicht, daß die Auffassung von der generellen Gefährdung des Staatsapparates[36)] und die damit verbundene Betonung des ausschließlichen Schutzes überindividueller Güter zu einseitig ist[37)].
Rechtsprechung und Schrifttum vernachlässigten in auffälliger Weise das Tatbestandsmerkmal des "<u>Forderns</u> von Vorteilen".
Ausgehend von der Begriffsbestimmung, wonach unter "Fordern" das einseitige Verlangen einer Leistung, und zwar in offener oder in versteckter

---

36) siehe Fn. 34.

37) Wagner, Amtsverbrechen S. 231.

Form, zu verstehen ist[38], schwinge durch das Ansinnen des Amtsverwalters dem Bürger gegenüber, ihn für eine pflichtgemäße Amtshandlung zu belohnen, das Moment der eigennützigen Bedrückung des Staatsbürgers mit[39].
Durch dieses Moment soll das Merkmal des Forderns seine besondere Unrechtsqualität gewinnen und nicht nur dadurch, daß der Täter von sich aus an einen anderen herantrete und so seine Käuflichkeit zu erkennen gebe[40].

Da Gebühren für Amtshandlungen - wie alle öffentlichen Abgaben - der gesetzlichen Grundlage bedürften, weil ihre Erhebung einen Eingriff in die wirtschaftliche Handlungsfreiheit (Art. 2 I GG) bedeute, lasse sich § 331 StGB als Verstoß gegen den Grundsatz bezeichnen, daß ein Amtsträger für Amtshandlungen nur die gesetzlich vorgesehenen Abgaben fordern und annehmen dürfe[41].
Aus diesem Schluß folgert Wagner, daß in dem Fordern gesetzlich nicht vorgesehner Leistungen für pflichtgemäße Amtshandlungen ein Angriff auf das Grundrecht der persönlichen Handlungsfreiheit (Art. 2 I GG), das bei § 331 StGB in der Begehungsform des Forderns geschützte Individualrechtsgut, liege.
Der Strafgrund des § 331 StGB sei der Verstoß gegen den Grundsatz, daß Amtswalter für Amts-

---

38) so auch Baumann BB 1961, 1060 f.;
Schönke-Schröder, 17. Aufl. § 331 Anm. 10c;
LK -Baldus § 331 Anm. 7 ff. m.w.N.
BGH St 10, 237, 241 f.

39) Wagner, Amtsverbrechen S. 231 Fn. 13.

40) Wagner S. 232.

41) Wagner S. 233.

handlungen nur die gesetzlich zugelassenen Gebühren oder Abgaben annehmen dürften und mithin geschütztes Rechtsgut die
"Ordnung des staatlichen Gebühren- und Abgabenwesens"
sei, welche durch das Fordern, Sich-versprechenlassen oder Annehmen von Leistungen für pflichtgemäße amtliche Verrichtungen ohne gesetzliche Grundlage verletzt werde[42].

Gegen die von Wagner vertretene Auffassung spricht zum einen, daß mit § 331 StGB die Annahme auch immaterieller Vorteile erfaßt werden soll sowie zum anderen, daß der Gesetzgeber die Vorteilsannahme letztlich nicht um ihrer selbst willen verboten hat, sondern darüber hinausgehende Ziele staatserhaltender Art verfolgt[43], die deswegen kein unrechtmäßiges Handeln seiner Amtsträger dulden können.

Dabei führt die Betonung des Schutzes von Individualrechtsgütern vor Bedrückung durch den Amtsträger zwar einen durchaus bedeutsamen Aspekt des Rechtsgüterschutzes der Bestechungsdelikte an. Dieser mag jedoch primär für die Tatbestandsmodalität des "Forderns" seine Gültigkeit besitzen, läßt aber das "Versprechenlassen" und "Annehmen" weitgehend unberücksichtigt.

f.) Andere Vertreter des Schrifttums bestimmen das Rechtsgut der Bestechungsdelikte, indem sie im wesentlichen die Einzelaspekte der unterschied-

---

42) Wagner S. 271.

43) Arth. Kaufmann JZ 1959, 377;
SK-Rudolphi § 331 Rn. 2.

lichen dazu bestehenden Auffassungen kombinieren[44]. Nach dieser prinzipiell zustimmungswürdigen Meinung sind die Versuche einer eindimensionalen Schutzzweckbestimmung der Bestechungsdelikte nicht der richtige Ansatzpunkt. Vielmehr ergebe sich, daß zwar keiner der ins Feld geführten Gesichtspunkte für sich allein in der Lage sei, die ratio legis zu tragen, daß aber andererseits jede der Auffassungen dazu beitrage, einen sachlich bedeutsamen Teilaspekt sichtbar zu machen.

So kann die Unentgeltlichkeit der Amtshandlungen nicht lediglich mit dem Hinweis auf die Gebührenpflichtigkeit vieler Amtshandlungen abgetan werden, da zu unterscheiden ist, ob der Rechtsunterworfene eine gesetzlich vorgesehene Gebühr zu entrichten hat, oder ob die Amtshandlung zum Gegenstand privater Vereinbarungen von persönlichen Vorteilen des Beamten gemacht wird. Denn nicht nur durch jede erkaufte pflichtwidrige Diensthandlung wird der Staatswille verfälscht; vielmehr trägt jede Belohnung von Diensthandlungen die Gefahr in sich, daß künftig die einmal geschehene Verknüpfung von amtlichem Handeln und privater Belohnung eine die ordnungsmäßige Bildung des Staatswillens verfälschende Motivationskraft erlangt[45].

---

44) Arzt/Weber LH 5 Rn. 434, 419, 425;
Amelung FS-Dünnebier S. 505 ff.;
Blei BT S. 454 f.; ders. JA 1974, 311;
Geerds, Bestech. S. 49-62;
Lackner § 331 Rn. 1;
SK-Rudolphi § 331 Rn. 4 f.;
ders. NJW 1982, 1420.

45) siehe Arzt/Weber LH 5 Rn. 434;
Geerds, Bestech. S. 49 f.

Es läßt sich auch nicht daran zweifeln, daß das Bestechungsunwesen die Reinheit der Amtsausübung und das entsprechende Vertrauen hierauf beeinträchtigt. Die Schädigungs- und Gefährdungsfolgen der Bestechung sind aber so vielfältig, daß kein Anlaß besteht, der Auslegung des Gesetzes gerade einer der genannten Auswirkungen als die allein maßgebliche aufzuzwingen[46].
Es ergibt sich also, daß jede Bestechung mindestens ein Versuch ist, das rechtlich geordnete Verhältnis von hoheitlicher Gewalt und Rechtsunterworfenem durch eine zugunsten des Amtsträgers lukrative Privatvereinbarung zu verändern, also letzten Endes die Gesetzmäßigkeit der Verwaltung durch privates Paktieren mit dem Amtsträger zu unterlaufen oder (bei der Vorteilsannahme) zu ergänzen[47]. Da Unrechtsgehalt und Folgen eines solchen Verhaltens vielfältig sind, bedarf es bereits bei der Auslegung einer umfassenden Würdigung, die je nach Einzelfall zu einer schwächeren oder stärkeren Akzentuierung des einen oder des anderen Gesichtspunktes führen muß.
Rückführungen auf nur einen Leitgedanken gilt es zu verhindern, da verschiedene Erwägungen im Untergrunde eines Regelungskomplexes zusammenfließen und der Gedanke, es handele sich lediglich um Vertrauensschutz ohne Rücksicht auf den primären Gedanken der Vertrauenswürdigkeit, zurückzuweisen ist[48].

---

46) Blei BT S. 455;
SK-Rudolphi § 331 Rn. 3.

47) vgl. SK-Rudolphi § 331 Rn. 4;
Lackner § 331 Anm.
Amelung, FS-Dünnebier S. 507.

48) vgl. Blei BT S. 456.

Den Bestechungstatbeständen ist damit eine mehrdimensionale Schutzaufgabe zugewiesen. Im wesentlichen wird einerseits die Funktionsfähigkeit der staatlichen Verwaltung geschützt, indem die Allgemeinheit auf die Sachlichkeit staatlicher Entscheidungen vertrauen können soll. Andererseits muß auch der Gefahr der Staatswillensverfälschung durch pflichtwidriges Handeln der Amtsträger vorgebeugt werden.

4.) Ergebnis zur herkömmlichen Auslegung des immateriellen Vorteilsbegriffs

Die Art und Weise, in der sowohl die frühere als auch die neuere Rechtsprechung den Begriff des "immateriellen Vorteils" ausgelegt haben, ist - wie oben erläutert - nicht geeignet, konkrete Auslegungskriterien zu liefern. Vielmehr wird überwiegend im Einzelfall nach Gutdünken darüber entschieden, ob ein bestimmter Lebensvorgang oder eine Empfindung noch als immaterieller Vorteil erachtet werden oder aber nicht mehr dem Vorteilsbegriff unterfallen sollen. Die Definition des Vorteilsbegriffs im Sinne der Bestechungsdelikte als jede Leistung, auf die der Amtsträger keinen Rechtsanspruch hat und die seine wirtschaftliche, rechtliche oder auch nur persönliche Lage objektiv verbessert, ist - bedingt durch seine Konturenlosigkeit in den Randbereichen - jedenfalls im Hinblick auf objektive Verbesserungen der persönlichen Lage nicht geeignet, einheitliche und rechtsstaatlich bedenkenfreie Abgrenzungen zu straflosen "Vorteilen" zu gewährleisten.

Hier verdeutlicht insbesondere auch die neuere Rechtsprechung (z.B. BGH St 33, 336), daß nicht einmal die eigenen recht vagen Abgrenzungs- und Bewertungskriterien erfüllt werden.

Ebenso der überwiegenden Literatur, welche grundsätzlich auch immaterielle Vorteile anerkennt, muß entgegengehalten werden, daß sie den auslegbaren Begriff des immateriellen Vorteils lediglich mit dem Kriterium der objektiven Meßbarkeit bestimmen will, wenn sie als Vorteile nur solche Besserungen ansieht, die einerseits einen objektiv meßbaren Inhalt haben und zum anderen den Amtsträger in irgendeiner Weise tatsächlich besser stellen.

Das Kriterium der objektiven Meßbarkeit ist selbst so stark auslegungsbedürftig, daß es zur alleinigen Konturierung wohl nicht ausreicht.
Angesichts dieser Erwägungen gilt es somit eine Definition des Vorteilsbegriffs zu entwickeln, die einerseits der Forderung weitestgehenden Rechtsgüterschutzes entspricht und auf der anderen Seite auch eine hinreichende Bestimmbarkeit des Vorteilsbegriffs ermöglicht, so daß das Merkmal "Vorteil" nicht Gefahr läuft, aus dem Tatbestand eliminiert zu werden.
Ein derartiges Vorgehen ist zunächst unter dem Aspekt des "Vertrauensschutzes" des Bürgers erforderlich. Denn die Rechtssicherheit in dem Sinne, daß staatliche Sanktionen für den Rechtsunterworfenen vorhersehbar sein müssen, ist seit Montesquieu eine grundlegende Maxime des modernen Rechtsstaates[49] und beansprucht selbstverständlich

---

49) vgl. nur BVerfGE 37, 207.

auch heute - von Verfassungs wegen gemäß Art. 103 Abs. 2 GG - uneingeschränkte Berücksichtigung. Neben dem Aspekt der Vorhersehbarkeit bleibt weiterhin der Gedanke des Schutzes des Bürgers vor obrigkeitlicher Willkür - auch von Seiten der Judikative - zu beachten.

Unter Beachtung der vom Bundesverfassungsgericht vorgegebenen Leitlinien zur Vereinbarkeit einer Gesetzesnorm mit Art. 103 Abs. 2 GG kann eine Verfassungswidrigkeit und damit die Nichtigkeit der Bestechungstatbestände im Hinblick auf den Vorteilsbegriff wohl kaum ernstlich in Erwägung gezogen werden.
Jedoch muß angesichts der Verwendung des problematischen Rechtsbegriffs "Vorteil" durch den Gesetzgeber jedenfalls der Gedanke des Bestimmtheitsgebotes bei der Auslegung dieses Begriffs Anwendung finden.
Daraus ergibt sich die vorrangige Aufgabe, den Begriff hinreichend zu präzisieren, wobei Zweifel, daß eine solche verfassungskonforme Auslegung möglich ist, vorliegend nicht ersichtlich sind.

Es bleibt jedoch zu beachten, daß die Auslegung, wenn sie, wie hier, als Konkretisierung des gesetzlichen Regelungsrahmens verstanden wird, grundsätzlich normvollendender, normergänzender und damit rechtsfortbildender Natur ist[50)].
Da die Strafbarkeit somit vom Gesetzgeber in arbeitsteiligem Zusammenwirken mit der Rechtsprechung bestimmt wird, ergibt sich hier angesichts des Bestimmtheitsgebotes die Notwendig-

50) vgl. auch Krey Nr. 121 Fn. 429.

keit, auch dem Tatbestandsmerkmal des "Vorteils" schärfere Konturen zu verleihen.

Dies soll im nächsten Abschnitt anhand ausgewählter Fallbeispiele erfolgen.

5. K a p i t e l

Fall 1:
"Belobigung in einem Zeitungsartikel"

Der Stadtbaurat einer kreisfreien Stadt, dessen Amtsperiode in Kürze abläuft und der eine Wiederwahl durch die Ratsversammlung anstrebt, hat durch besonderen persönlichen Einsatz den Neubau eines großen örtlichen Zeitungsverlages - unter Einhaltung sämtlicher Vorschriften - so schnell ermöglicht, daß der Verleger sich ihm besonders verpflichtet fühlt. Daher sucht er den Wahlbeamten auf und erklärt ihm, er werde sein vorbildliches und unbürokratisches Verhalten besonders lobend in der Zeitung - Lokalteil - hervorheben, was auch geschieht und den Stadtbaurat nebst seiner Behörde in ein besonders gutes Licht bei der Öffentlichkeit rückt.
Als Resonanz auf den groß herausgestellten Artikel kommt es zu einer Vielzahl von Leserbriefen, in denen die Ratsversammlung zur Wiederwahl des Stadtbaurates aufgefordert wird.

Ausgangspunkt des Falles ist die Frage, ob sich bei einer solchen Handlungsweise der Amtsträger einer Vorteilsannahme (§ 331 StGB) und der beteiligte Bürger einer Vorteilsgewährung (§ 333 StGB) schuldig gemacht haben. Während die Annahme einer strafbaren Vorteilsgewährung auf Seiten des Verlegers bereits daran scheitert, daß der Stadtbaurat die in seinem Ermessen stehenden Diensthandlungen anläßlich des Genehmigungsverfahrens bereits vor Ankündigung des Zeitungsartikels abgeschlossen hatte, es mithin an der Tatbestandsvoraussetzung der Vornahme einer künftigen Ermessensdiensthandlung fehlt, läßt sich die Frage der Strafbarkeit bzw. Straflosigkeit des Beamten gemäß § 331 StGB nicht ähnlich klar und schnell beantworten.

1.) Betrachtet man eine Strafbarkeit des Vorteilsnehmers nach § 331 StGB, so setzt diese ein Dreifaches voraus:

(1) Der Vorteilsnehmer ist ein Amtsträger oder ein für den öffentlichen Dienst besonders Verpflichteter.
(2) Er fordert Vorteile, läßt sie sich versprechen oder nimmt sie an.
(3) Die Tathandlung zu (2) ist die Gegenleistung dafür, daß der Amtsträger eine Diensthandlung vorgenommen hat oder künftig vornehmen wird.

a.) Unproblematisch gestaltet sich die Frage nach der Amtsträgereigenschaft, die durch § 11 Nr. 2 a) bis c) sowie Nr. 4 StGB beantwortet wird.
Hier handelt es sich bei dem Stadtbaurat um einen Wahlbeamten, der nach § 11 Nr. 2 a) StGB Amtsträger ist.

b.) Fraglich ist hingegen, ob er Vorteile angenommen hat, indem er dem Verleger die besonders hervorhebende und lobende Berichterstattung über seine Leistungen gestattete[1].

---

1) Der Beamte hat sich zwar nicht ausdrücklich zu der ihm willkommenen "Werbung" geäußert, jedoch genügt nach einhelliger Auffassung bereits eine Annahme durch Stillschweigen oder schlüssiges Verhalten.

Geht man von dem durch die Rechtsprechung stets sehr extensiv interpretierten Begriff des immateriellen Vorteils[2] aus, wonach neben der unentgeltlichen Gewährung des Geschlechtsverkehrs auch die bloße Befriedigung des Ehrgeizes oder der Eitelkeit des Amtsträgers oder gar die Erringung der Gunst seines Vorgesetzten ausreichend sein sollen, so läßt sich zwanglos feststellen, daß auf Seiten des Stadtbaurates ein immaterieller Vorteil vorhanden ist, auf den er keinen Anspruch hat.

Sowohl Ehrgeiz als auch Eitelkeit des Beamten werden befriedigt, da er vor der gesamten Öffentlichkeit als außergewöhnlich befähigter Amtsträger dargestellt wird. Als Wahlbeamter hat er - auch im Hinblick auf seine erstrebte Wiederwahl - ein besonders starkes Interesse daran, einem möglichst großen Personenkreis als Zielgruppe zu gefallen.

Ebenso muß beachtet werden, daß der Beamte damit seiner Zielsetzung, der Erringung der Gunst der Ratsversammlung und letztlich die erfolgreiche Wiederwahl erhebliche Schritte nähergekommen ist.

Ein anderes Ergebnis läßt sich auch unter Zugrundelegung der neueren Rechtsprechung des BGH[3] nicht feststellen.

Die Definition des Vorteils als Leistung materieller und immaterieller Art, auf die der Empfänger keinen Anspruch hat und die seine wirtschaftliche, rechtliche oder persönliche Lage

---

2) vgl. S. 41 f., 62 f.

3) vgl. BGH St 31, 264 (279); 33, 336 (339 f.).

objektiv verbessert[4], muß hier - legt man die in den oben genannten Entscheidungen angeführten sonstigen Maßstäbe zugrunde - in der Variante des immateriellen Vorteils, der die persönliche Lage objektiv verbessert, Anwendung finden. Fraglos hat sich durch die besonders günstige Berichterstattung die persönliche Lage des Stadtbaurates verbessert; dies wird in objektiver Hinsicht auch durch die Anzahl positiv gehaltener Leserbriefe dokumentiert. Gerade an letzterem zeigt sich die "günstige" Wirkung der öffentlichen "Belobigung" des Beamten. Wenn der BGH bereits das besondere Interesse eines ehrenamtlichen Vereinsvorsitzenden an der Erhaltung eines ungenehmigten Vereinsheimes aufgrund seiner herausgehobenen Position als immateriellen Vorteil erachtet[5], so müßte erst recht im vorliegenden Fall ein Vorteil zugunsten des Stadtbaurates angenommen werden.

c.) Dem unbefangenen Beobachter drängen sich nunmehr mit Recht Zweifel an der Stichhaltigkeit der eben angeführten Argumentation auf. Diese Zweifel lassen sich am Beispielsfall wie folgt konkretisieren:

(1) Ausgehend von der hier vertretenen mehrdimensionalen Schutzaufgabe der Bestechungsdelikte, daß neben dem Schutz der Funktionsfähigkeit der staatlichen Verwaltung auch der Gefahr der Staatswillensverfälschung durch pflicht-

---

4) siehe BGH St 33, 336 (339) unter Hinweis auf BGH St 31, 264 (279) m.w.N.

5) vgl. BGH St 33, 336 (340).

widriges Handeln der Amtsträger vorgebeugt werden soll, ist festzustellen, daß in dem Verhalten des Stadtbaurates keine Erschütterung des Vertrauens der Allgemeinheit in die Sachlichkeit staatlicher Entscheidungen vorliegt. Vielmehr ist durch persönliche Initiative und unter weitgehendem Verzicht auf bürokratische Hemmnisse ein rechtlich nicht zu beanstandendes Ergebnis - die Ermöglichung eines schnellen Neubaus - geschaffen worden. Ein derartiges Verhalten erschüttert das Vertrauen der Bürger in die Staatsorgane nicht, im Gegenteil kommt es zu einer Stärkung jenes Vertrauens in die Tätigkeit des Staates.

(2) Auch das eigentlich strafrechtlich relevante Verhalten des Beamten - das Annehmen von Vorteilen -, das im vorliegenden Fall in dem stillschweigenden Gewährenlassen eines besonders positiv gehaltenen Zeitungsartikels liegt, kann nicht ernsthaft beanstandet werden.
Denn ein Anlaß dafür, daß der Beamte dem Verleger entweder hätte verbieten sollen, eine positive Berichterstattung zu betreiben oder aber diesem Ansinnen wenigstens hätte ernsthaft entgegentreten beziehungsweise zusätzliche Anstrengungen hätte unternehmen müssen, die vielleicht übertrieben positiv erscheinende Darstellung im nachhinein zu verobjektivieren, läßt sich auch bei Anlegung eines strengen Maßstabes nicht erkennen.
Im übrigen wären die Möglichkeiten des Beamten, auf das Erscheinen des Artikels Einfluß zu nehmen, insbesondere im Hinblick auf die in Art. 5 I 2 GG gewährleistete Pressefreiheit ohnehin sehr beschränkt gewesen.

(3) Bei dem Verhalten des Verlegers wie bei dem des Beamten handelt es sich vielmehr keineswegs um anrüchige, sondern im Gegenteil um adäquate Verhaltensweisen des gemeinschaftlichen sozialen Zusammenlebens, die vernünftigerweise keiner strafrechtlichen Sanktionierung unterfallen können.

Von Baumann[6] ist für gleichartige Fallkonstellationen der Ansatz entwickelt worden, daß das Äquivalenzerfordernis[7] zwischen dem immateriellen Vorteil und der Amtshandlung geeignet sei, den Tatbestand hinreichend einzugrenzen.
Dies beruht auf der Überlegung, daß spätestens bei der Prüfung des Äquivalenzverhältnisses Bedenken gegen eine weite (immaterielle) Auslegung des Vorteilsbegriffes nicht mehr durchschlagen könnten, da es bei Vorteilen ganz geringer Art, die auf der Grenze zur Feststellbarkeit und Meßbarkeit liegen, in vielen Fällen am notwendigen Äquivalent zwischen Vorteil und Amtshandlung fehlen werde[8].

---

6) Baumann, Zur Problematik der Bestechungstatbestände, S. 17 f.

7) Ob es sich bei dem Austauschverhältnis um ein echtes Äquivalenzverhältnis im Sinne eines "do ut des" handelt, oder ob es bereits ausreicht, daß der Amtsträger den Willen zu erkennen gibt, für seine dienstliche Tätigkeit Vorteile entgegenzunehmen und dies in Erwartung tut, eine Willensübereinstimmung über diesen Sachverhalt bestehe bzw. werde herbeigeführt werden, soll unerheblich sein.

8) Ähnlich auch Kirschbaum/Schmitz GA 1960, 325 f., die den Kernpunkt der Begrenzung des Vorteilsbegriffs in der Gegenleistung für eine Amtshandlung sehen und dem Äquivalenzverhältnis eine die Ausweitung des Vorteilsbegriffs verhindernde Ventilfunktion beimessen.

Dieser Lösung ist zu widersprechen, da die quasinachträgliche Korrektur über das Äquivalenzverhältnis weitgehend spekulativen Charakter besitzt, nicht sicher alle möglichen Fälle erfaßt und insbesondere Gefahr läuft, das Bestimmtheitserfordernis eines Tatbestandsmerkmales zu umgehen. Es ist vielmehr - in systematischer Hinsicht - erforderlich, das vorrangig zu prüfende Merkmal "Vorteil" rechtsstaatlich einwandfrei zu bestimmen und erst dann das weitere Merkmal der Unrechtsvereinbarung im Sinne eines Äquivalenzverhältnisses zwischen Vorteil und Diensthandlung festzustellen.

Daher bleibt die Notwendigkeit bestehen, den strafrechtlich relevanten Begriff des "Vorteils" im Sinne hinreichender Bestimmtheit einzugrenzen.

Ein möglicher Ansatzpunkt ist der Gedanke des Prinzips der sozialen Adäquanz als Mittel der Tatbestandsbeschränkung.

Wenngleich dieses Institut von einem Teil der Literatur [9] als im Verhältnis zu anderen Auslegungsmethoden überflüssig abgelehnt wird, so besteht doch im Grundsatz Einigkeit darüber, daß sozialadäquat alle Betätigungen sind, die sich innerhalb der geschichtlich gewachsenen Ordnungen des Gemeinschaftslebens bewegen [10].

---

9) vgl. Baumann/Weber AT S. 181 f., 187;
Gallas ZStW 67 (1955), 22;
Hirsch LK 9, Rn. 19 ff. vor § 51;
H. Mayer AT 1953 S. 108;
SK-Samson Rn. 14 f. vor § 32.

10) vgl. Geerds Bestech. S. 74;
Schaffstein ZStW 72 (1960), 375;
SK-Rudolphi § 331 Rn. 23; Welzel Lb S. 56;
Schönke-Schröder-Lenckner vor § 32 Rn. 107a m.w.N.

Streitig wird hingegen die Frage über die Belegenheit des systematischen Standortes beurteilt.
Die wohl überwiegend vertretene Auffassung[11] betrachtet die soziale Adäquanz als Tatbestandsausschließungsgrund.
Andere[12] fassen sie als Rechtfertigungsgrund auf.
Dritte wiederum vertreten eine differenzierende Auffassung[13], wonach teils unter dem Begriff der Sozialkongruenz eine Tatbestandsausschließung angenommen und teils der Terminus der Sozialadäquanz im engeren Sinne als Rechtfertigungsgrund verstanden wird.
Schließlich ist auch die Ansicht[14] vertreten worden, die Sozialadäquanz stelle einen Entschuldigungsgrund dar.

Der Bundesgerichtshof hat sich in neuerer Zeit mit dem Problem der Sozialadäquanz auseinander-

---

11) Jescheck AT S. 201 f.; Jakobs Lb S. 163; Maurach-Zipf AT/1 S. 209 f.; Stratenwerth AT Rn. 337 ff.; Krauß ZStW 76 (1964), 48; Peters, Welzel-Festschr. S. 415 ff., 425 ff.; Schaffstein ZStW 72 (1960), 633 f.; Dreher-Tröndle vor § 32 Rn. 12; Welzel Lb S. 55 ff.; Roxin, FS-Klug S. 306.

12) Dreher-Tröndle, 40. Aufl., vor § 32 Rn. 12; Otto AT, 78; Schmidhäuser AT, 9/26 ff.; Schmidhäuser AT Studienbuch, 6/102 ff.; Welzel Lb, 4. Aufl. 1954, zuletzt 8. Aufl.1963.

13) Klug, FS-Eberhard Schmidt S. 249 ff.; derselbe in: Skeptische Rechtsphilosophie und humanes Strafrecht, Bd. 2, Materielle und formelle Strafrechtsprobleme, 1981, S. 194 ff.

14) Roeder, Die Einhaltung des sozialadäquaten Risikos, 1969, S. 77 f.

gesetzt und sich jedenfalls im Hinblick auf die Bestechungstatbestände für die Bewertung als Tatbestandsausschließung entschieden[15].

So wird in einer Entscheidung aus dem Jahr 1983 die Theorie der "abgestuften" Sozialadäquanz vertreten [16]. Danach ist die Zuwendung von in diesem Sinne geringfügigen und damit unverfänglichen Vorteilen für das Schutzgut der Bestechungsdelikte ungefährlich. Eine derartige Handlung verwirklicht nach Auffassung des BGH nicht den Unrechtstyp der §§ 331 ff. StGB und ist deshalb schon nicht tatbestandsmäßig.
So soll für einen hochbezahlten Vorstandsvorsitzenden weder die Einladung zu einem noch so opulenten Essen oder zu einem anderen aufwendigen gesellschaftlichen Ereignis einen Vorteil darstellen, der ihn bei seiner Entscheidung beeinflussen könnte. Dazu bedürfe es schon eines erheblich größeren Aufwandes.

In einer weiteren Entscheidung [17] aus dem Jahr 1985 vertritt der BGH zusätzlich die Auffassung, daß das Merkmal der Sozialadäquanz dazu diene, den strafrechtlich relevanten Begriff des "Vorteils" der Bestechungsdelikte einzugrenzen.

(4) Die dargelegte Rechtsprechung des BGH verdient im Grundsatz Zustimmung. Tatsächlich liefert die Sozialadäquanz unter bestimmten Voraussetzungen das zutreffende Kriterium zur Profilierung des Deliktstyps und ist damit ein außerhalb

---

15) siehe BGH St 31, 279; 33, 339.
16) BGH St 31, 264 (279).
17) BGH St 33, 336 (339).

von Rechtswidrigkeit und Schuld liegender Tatbestandseinschränkungsgrund. Sie dient dann primär dazu, den Tatbestand auf deliktstypisches, generell verbotenes Verhalten einzuschränken.

Eine Konturierung der Sozialadäquanz hat jedoch nicht aus der herkömmlichen Definition zu erfolgen, wonach sozialadäquat alle Betätigungen sind, die sich innerhalb des Rahmens der geschichtlich gewordenen sozial-ethischen Ordnungen des Gemeinschaftslebens bewegen[18], sondern muß aus der Bestimmung des Deliktstyps gewonnen werden.
Sie ist üblicherweise durch eine enge, den Anforderungen von Art. 103 Abs. 2 GG entsprechende Wortauslegung des Tatbestandsmerkmals "Vorteil" vorzunehmen.

Darüberhinaus gilt es in einer Vielzahl von Fällen - wie in dem angeführten Beispielsfall des Stadtbaurates - jedoch auch zu beachten, Verhaltensweisen, die zwar nach dem Wortlaut der Norm unter einen Tatbestand subsumiert werden könnten, aus diesem auszuscheiden, weil sie dem vom Gesetzgeber gemeinten Deliktstyp nicht entsprechen.
Das stillschweigende Gewährenlassen eines besonders positiv gehaltenen Zeitungsartikels durch den Stadtbaurat, der vor der Wiederwahl steht,

---

18) Die Umschreibung geht insofern zu weit, als sich auch die Rechtfertigungsgründe innerhalb des Rahmens der sozialen Ordnungen befinden. Die Benutzung eines fremden Kraftfahrzeuges zur Rettung eines verletzten Unfallopfers (§ 904 BGB) sowie die Festnahme eines Straftäters auf frischer Tat (§ 127 StPO) sind beispielsweise einerseits tatbestandsmäßig, andererseits jedoch rechtlich und sozialethisch nicht zu beanstanden.

ist eben kein Annehmen von Vorteilen im Sinne des § 331 StGB, weil es sich dabei um eine sozial allgemein tolerierte Verhaltensweise handelt, die daher als nicht deliktstypisch aus dem Tatbestand der Bestechungsdelikte auszuscheiden ist. Seine Handlung bleibt auch gerade deswegen tatbestandslos, weil die von § 331 StGB geschützten Rechtsgüter nicht tangiert werden[19].
Aus dem hier vorliegenden sozialadäquaten Verhalten des Stadtbaurates folgt also, daß kein "Vorteil" im Sinne der Bestechungsdelikte gegeben ist.

d.) Neben der erforderlichen Tatbestandseinschränkung des "Vorteils" durch die Sozialadäquanz hat auch im Bereich "immaterieller" Zuwendungen stets die Frage nach der Geringfügigkeit des "Vorteils" Berücksichtigung zu finden.

In Rechtsprechung[20] und Literatur[21] ist anerkannt, daß geringfügige Geschenke, die nach der Verkehrssitte oder den allgemein anerkannten Regeln der Höflichkeit Amtsträgern gemacht werden, wie z.B. die üblichen Neujahrsgeschenke an Briefträger, kleinere Werbegeschenke, wie Notizbücher und Kugelschreiber oder das Angebot einer Tasse Kaffee bzw. einer Zigarette, <u>keine</u> materiellen Vorteile im Sinne des § 331 StGB sind.

---

19) Vgl. S. 110 f. c) (1).

20) Vgl. an neuerer Rechtsprechung BGH St 31, 264 (279).

21) Vgl. Dreher-Tröndle § 331 Rn. 18;
Schönke-Schröder-Cramer § 331 Rn. 55;
SK-Rudolphi § 331 Rn. 23;Creifels GA 1962, 33;
Fuhrmann GA 1959, 97;
Geerds, Bestech. S. 77;
Dahs NJW 1962, 177 f.; Bank NJW 1962, 87.

Ein Mindestkonsens dürfte bei nunmehriger Betrachtung "immaterieller Vorteile" insoweit vorliegen, als der für die "materiellen" nicht tatbestandsmäßigen Zuwendungen geltende Maßstab zumindest auch für den immateriellen Vorteilsbegriff zur Tatbestandsausschließung führt.
Damit können letztlich eine Vielzahl von Vorteilen immaterieller Art wie z.B. Dank, Lob und die kleine Schmeichelei, ein gewisser Zuwachs an Ansehen als geringfügig und folglich als nicht dem Tatbestand unterfallend angesehen werden.

Zu berücksichtigen ist jedoch, daß immaterielle Zuwendungen im Gegensatz zu materiellen Vorteilen erheblich schwerer meßbar sind, so daß häufig das Problem hinreichend objektiver Bestimmbarkeit entsteht.
Da der strafrechtliche Bestimmtheitsgrundsatz jedoch ein unverzichtbares Kriterium darstellt, müssen immaterielle Zuwendungen wenigstens ganz erhebliche Besserstellungen der persönlichen Verhältnisse des Betroffenen beinhalten, damit diese unter den Vorteilsbegriff subsumierbar sind. Das bedeutet, daß immaterielle Vorteile im Hinblick auf ihren Wert bedeutsam sein müssen, die Zuwendung hat sich also deutlich außerhalb des Rahmens des Üblichen zu bewegen, um als tatbestandsmäßig angesehen werden zu dürfen.
An dieser Stelle taucht das Problem auf, daß der Wert, der auch im Zusammenhang mit anderen Kriterien Beachtung zu finden hat, letztlich nur wirtschaftlich verstanden werden darf[22),]

22) Vgl. Eb. Schmidt, Bestech. S. 146;
Geerds, Bestech. S. 78.

was beispielsweise bei gängigen Liebhaberwerten auch unproblematisch möglich ist.
Zu berücksichtigen bleibt bei der Überprüfung, ob immaterielle Zuwendungen als geringfügig erachtet werden können, überdies die wirtschaftliche und soziale Position des Beamten als Empfänger, wonach der Wert der Zuwendung zu relativieren ist. Denn für die soziale Anschauung spielt es eine nicht unerhebliche Rolle, in welchen Vermögensverhältnissen bzw. in welcher sozialen Stellung der Beamte lebt[23].

Im vorliegenden Fall des Stadtbaurates bedarf es der Beantwortung der Frage, ob die ihm zukommende Besserstellung noch als geringfügig angesehen werden kann, indes nicht, da es - wie bereits oben erläutert - keinen Bedenken unterliegt, einen positiv gehaltenen Zeitungsartikel als sozialadäquat und damit nicht dem Vorteilsbegriff des § 331 StGB unterfallend anzusehen.

2.) Ergebnis

Zusammenfassend ergibt sich, daß das Merkmal der Sozialadäquanz ein durchaus geeignetes Mittel ist, um den Tatbestand der Bestechungsdelikte auf deliktstypisches, generell verbotenes Verhalten einzuschränken und damit den strafrechtlich relevanten Begriff des "Vorteils" der Bestechungsdelikte einzugrenzen. Und zwar gilt dies dann, wenn eine Besserstellung nicht schon von vornherein als nur geringfügig angesehen werden kann.

---

23) Vgl. Maurach/Schroeder BT/2 S. 205; Geerds, Bestech. S. 78.

Leider ist es der Rechtsprechung bislang nicht gelungen, dieses dem Grunde nach akzeptierte Instrumentarium [24] auch sinnbringend einzusetzen.

---

24) Vgl. BGH St 33, 336 (339); Ausführungen auf S. 52-58.

Fall 2:
"Weiterleitung von Parteispenden"

Ein Beamter, der bekanntermaßen ein aufstrebendes Mitglied einer politischen Partei ist, wird als zuständiger Ministerialreferent für bestimmte Genehmigungsverfahren von einem Unternehmer aufgesucht, der ihm zunächst erklärt, daß er die Ziele der Partei für besonders förderungswürdig halte und deswegen den Betrag von DM 50.000,-- spenden wolle, den er der Einfachheit halber gleich in einem verschlossenen Umschlag mitgebracht habe.
Er weist den Beamten zugleich auf die Dringlichkeit seines Antrages hin, dessen wohlwollende Prüfung ihm sogleich zugesagt wird.
Den Geldumschlag leitet der Beamte unverzüglich an seine Parteikasse weiter und führt im übrigen ein pflichtgemäßes Genehmigungsverfahren auch gerade deswegen durch, weil die Spende erfolgt ist.

Abwandlung:

Der Beamte trifft seine allen Vorschriften entsprechende positive Entscheidung nur deshalb, weil ihm bekannt ist, daß der Unternehmer vor einem Jahr DM 50.000,-- an die Partei gespendet hat. Eine weitere Spende stellt der Unternehmer nicht in Aussicht.

Ausgangspunkt des ersten Fallbeispieles sind zunächst die Konstellationen, daß einem Amtsträger Spenden für seine Partei versprochen oder diese sogar mit seinem Willen gewährt werden, um den Amtsträger zu bestimmten pflichtgemäßen oder pflichtwidrigen Handlungen zu veranlassen.

Darüberhinaus kommt noch eine weitere Variante in Betracht, nach der die Spenden den jeweiligen Parteien unmittelbar gegen die Zusage gewährt oder versprochen werden, bestimmte ihr angehörende Amtsträger zu bestimmten Diensthandlungen zu bewegen.

Die sich daraus stellende Frage, ob sich bei solchen Handlungsweisen die Amtsträger einer Vorteilsannahme (§ 331 StGB) oder einer Bestechlichkeit (§ 332 StGB) schuldig gemacht haben, läuft nach Feststellung der Amtsträgereigenschaft auf die zentrale Problematik hinaus, ob und gegebenenfalls unter welchen Voraussetzungen Vorteile, die der Amtsträger nicht für sich, sondern für einen Dritten fordert, sich versprechen läßt oder annimmt, von den Bestechungsstraftatbeständen erfaßt werden.

1.) Wirtschaftlicher Vorteil

Da dem Beamten der nicht unerhebliche Betrag von DM 50.000,-- für seine Partei übergeben wurde, stellt sich zunächst die Frage, ob er einen wirtschaftlichen Vorteil erhalten hat.

Zwar liegt offenkundig kein unmittelbarer wirtschaftlicher Vorteil vor, weil dem Amtsträger das Geld nicht zur persönlichen Verwendung zugewendet wurde; jedoch könnte bereits ein mittelbarer Vorteil genügen, wenn dieser dem strafbewehrten Vorteilsbegriff unterfiele.

a.) In Literatur und Rechtsprechung[25] herrscht weitgehend Einigkeit darüber, daß der Tatbestand bereits dann verwirklicht ist, wenn dem Amtsträger selbst aus der Zuwendung an den Dritten auch nur ein mittelbarer Nutzen in Form eines wirtschaftlichen oder immateriellen Vorteils erwächst.

b.) Es wird jedoch namentlich von Scheu[26] für den Fall der Weiterleitung von Parteispenden die Auffassung vertreten, daß es für die Bejahung des Vorteilsbegriffes außer der Feststellung der dem Amtsträger eingeräumten Verfügungsmacht nicht mehr des Nachweises eines weitergehenden materiellen oder immateriellen Nutzens, der gegebenenfalls aus der Weitergabe erwächst, bedürfe. Die Verfügungsgewalt als Vorteil im Sinne der §§ 331 ff. StGB begründet sich nach seiner Auffassung daraus, daß die von der Rechtsprechung in RG St 58, 26 und BGH St 14, 123 vorgenommene Einschränkung, der Amtsträger müsse den Willen besitzen, das Zugewendete zu behalten oder darüber für eigene Zwecke zu verfügen, später nicht mehr aufrechterhalten worden sei.
Der BGH habe in seiner Entscheidung im 15. Band[27] bereits das Vorhandensein eines unmittelbaren Nutzens nicht mehr gefordert und als entschei-

---

25) Vgl. RG St 13, 396;
BGH St 14, 123 (128) = NJW 1960, 971;
BGH NJW 1959, 346;
Dreher-Tröndle § 331 Rn. 11;
LK[9]Baldus § 331 Rn. 20;
Schönke-Schröder-Cramer § 331 Rn. 22;
Kaiser NJW 1981, 321 (322).

26) Scheu NJW 1981, 1195.

27) BGH St 15, 286.

dungserheblich lediglich die bloße Verfügungsmöglichkeit des Amtsträgers erachtet.
Darüberhinaus sei aber auch bereits deswegen der Vorteilsbegriff erfüllt, weil der Amtsträger bei Weitergabe der Spende einen persönlichen Nutzen erfahren habe. Es genügt nach dieser Auffassung, daß der Amtsträger als aktives Parteimitglied ein eigenständiges wirtschaftliches Interesse am Zufluß der im Hinblick auf die Dienstleistung geleisteten Spende an die eigene Partei hat, weil die Förderung der politischen Ziele der Partei genau mit den Zielen des Amtsträgers übereinstimmen [28]. Damit liege eine vergleichbare Rechtslage zum Begriff der Zueignung im Sinne von § 246 StGB vor [29], und es reiche schon aus, daß der Täter den wirtschaftlichen Wert der Spende in irgendeiner Weise für sich oder wenigstens auch für sich nutzen will und nutzt.

c.) Dem Ansatzpunkt Scheus ist aus mehreren Gründen zu widersprechen.
Nach der Rechtsprechung des BGH [30] kann in dem zugrundeliegenden Fall, daß der Täter die Zuwendung nur als Werkzeug zur Weitergabe an einen Dritten entgegennimmt, ein Vorteil in der Person des Täters entfallen, weil ihm gerade der Wille fehlt, den Gegenstand zu behalten oder darüber zu verfügen.
Dem steht auch BGH St 15, 286 (287) nicht entgegen, da insoweit keinerlei über den entschie-

---

28) Scheu NJW 1981, 1195 (1196).

29) Vgl. Hinweis auf Rechtsprechung unter Fn. 14 bei Scheu, a.a.O.

30) BGH St 14, 123 (127).

denen Fall hinausgehende Bedeutung erkennbar ist[31].

Vielmehr weist der BGH selbst ausdrücklich darauf hin[32], daß die in dieser Entscheidung vertretene Ansicht gerade nicht der vorangegangenen Entscheidung im 14. Band[33] entgegensteht.
Somit wurde eindeutig - zwar unter Zugrundelegung unglücklicher Formulierungen[34] - an der früheren Rechtsprechung festgehalten.

Zweifelhaft erscheint auch die Annahme der Vergleichbarkeit der Rechtslage zwischen den sogenannten "Drittzueignungen" im Rahmen der Vermögensdelikte und den Fällen des "mittelbaren Vorteils".

Das liegt daran, daß bei den Zueignungsdelikten die materielle Rechtswidrigkeit der Drittzueignung gänzlich außer Frage steht und somit nur die Feststellung der Tatbestandsmäßigkeit erforderlich ist.
Demgegenüber führte eine Tatbestandserstreckung auf die in Rede stehenden "Drittvorteile" bei den Bestechungsdelikten durchaus zu erheblichen materiellen Rechtswidrigkeitsfragen.

Gedacht werden kann beispielsweise an den beamteten Veterinär, dem ein dankbarer Landwirt nach erfolgreicher Operation seines Viehs nicht selbst, sondern dem von diesem geleiteten Sportverein eine Spende zukommen läßt.

---

31) so auch Kaiser NJW 1981, 321 (322).

32) siehe BGH St 15, 286 (287).

33) siehe Fn. 30.

34) vgl. auch Dencker NStZ 1982, 154.

Sollte ernsthaft eine Strafbarkeit gemäß § 331 StGB in Rede stehen, so bedeutete dies möglicherweise schon ein Verbot altruistischer Betätigungen des Beamten in seinem privaten Lebensbereich.

d.) Einen vertiefenden Ansatzpunkt zur Diskussion des randunscharfen Hilfsbegriffs des "mittelbaren Vorteils" hat Rudolphi erbracht, indem er erstmalig die Auffassung vertritt, daß die Tatbestände der §§ 331 ff. StGB kein eigennütziges Handeln des Amtsträgers voraussetzen, sondern daneben auch fremdnützige Taten gleichermaßen erfaßt werden[35].
Nach dieser Auffassung ist jedes Fordern, Sichversprechenlassen oder Annehmen von Spenden politischer Parteien zunächst ein wirtschaftlicher Vorteil im Sinne der Bestechungsdelikte, ohne daß es des möglicherweise zweifelhaften Rückgriffes auf den immateriellen Vorteilsbegriff bedarf.

Damit stellt sich die entscheidende Frage, ob altruistische Taten in den Anwendungsbereich der Bestechungsdelikte einbezogen werden, oder ob das Moment des Eigennutzes vielmehr ein konstitutives Unrechtselement der Vorteilsannahme und Bestechlichkeit ist.

---

35) Rudolphi NJW 1982, 1417 (1419 ff.); ders. SK § 331 Rn. 22.

aa.) Herrschende Auffassung in Literatur und Rechtsprechung

Sowohl die herrschende Meinung im Schrifttum[36], welche den eigennützigen Charakter der Bestechungsdelikte betont, als auch die ständige Rechtsprechung des Reichsgerichts[37] und des BGH[38] entspringen dem Verständnis, daß lediglich eigennützige Handlungsweisen des Amtsträgers dem strafrechtlich relevanten Vorteilsbegriff unterfallen. Dieses Verständnis resultiert aus der Erkenntnis, daß von den Anfängen des Beamtentums an der Eigennutz die Haupttriebfeder für die Begehung von Bestechungsdelikten bildete[39].

Bereits in den §§ 209 ff. PrStGB sowie den §§ 331 ff. RStGB wurde der Vorteilsbegriff stets so verstanden, daß mit ihm nur derartige Vorteile erfaßt werden, die dem Amtsträger unmittelbar oder doch mittelbar selbst zufließen[40]. Der bis 1975 geltende Gesetzestext beschreibt das eigennützige Verhalten in den §§ 331, 332 StGB

---

36) siehe
Lackner § 331 Anm. 3 a) cc;
Schönke-Schröder-Cramer § 331 Rn. 22;
Dreher-Tröndle § 331 Rn. 11 a;
Geerds, Bestech. S. 50 f., 57, 63 ff.;
ders. JR 1986, 254; LK Jescheck § 331;
Kaiser NJW 1981, 322;
Meier/Momberg JuS 1983, 701.

37) vgl. Eb. Schmidt, Bestech. S. 3 ff.;
RG St 1, 404; 13, 396.

38) vgl. BGH St 14, 128; 15, 286; NJW 59, 346.

39) siehe dazu S. 14 ff.

40) siehe Oppenhoff PrStGB, 5. Aufl. (1867), § 310 Anm. 8; Binding Lb II 2 S. 721, 728; Hälschner StR II S. 1037 f.; v. Olshausen § 331 Anm. 3 b.

gleichförmig insoweit präzisierend [41], als der Beamte "Geschenke oder andere Vorteile annimmt, fordert oder sich versprechen läßt".

bb.) Demgegenüber vertritt Rudolphi die Auffassung, daß es aus dem Gesetzeswortlaut naheliegend und nach dem Schutzzweck des Gesetzes sogar geboten sei, auch Zuwendungen an Dritte als von den §§ 331 f. StGB erfaßt anzusehen, sofern sie der Amtsträger nur als Gegenleistung für eine Diensthandlung fordert, sich versprechen läßt oder annimmt[42].
Aufgrund der extensiven Auslegung des Vorteilsbegriffs durch Einbeziehung immaterieller Vorteile seitens der Rechtsprechung sei es zunehmend ermöglicht worden, auch Zuwendungen an Dritte als mittelbare Vorteile des Amtsträgers zu erfassen und damit in Wahrheit auch fremdnützige Taten zu strafen.
Zudem habe es in der Geschichte der Strafrechtsreform nicht an Bestrebungen gefehlt, durch ausdrückliche gesetzliche Bestimmung klarzustellen, daß jeder Vorteil erfaßt werde, gleichgültig ob er dem Täter, einem Angehörigen oder irgendeinem Dritten zugute komme[43]. Jedoch muß Rudolphi einräumen, daß diese Vorschläge durch das EStGB 1974 nicht erneut aufgegriffen worden sind.

---

41) Geerds, Bestech. S. 50.

42) Rudolphi NJW 1981, 1419.

43) Rudolphi NJW 1981, 1419 unter Hinweis auf den Entwurf Radbruchs von 1922 (§§ 11 Nr. 8, 121 ff.), den Entwurf von 1925 (§§ 11 Nr. 8, 121 ff.), den Entwurf von 1927 (§§ 9 Nr. 8, 123 ff.), von 1930 (§§ 9 Nr. 8, 123 ff.) sowie von 1939 (§§ 329, 330).

Die sich aus jenem Umstand ergebende Folgerung, der Gesetzgeber habe auch weiterhin nur eigennützige Taten der Amtsträger erfassen wollen, habe - so Rudolphi - im Wortlaut des Gesetzes keinerlei Niederschlag gefunden.

Da der Gesetzgeber den in den Normen geforderten Vorteil allein dadurch näher gekennzeichnet habe, daß dieser nach dem Willen der Beteiligten die Gegenleistung für eine bereits vorgenommene oder erst noch vorzunehmende Diensthandlung bilde, ergebe sich daraus, daß sowohl Vorteile für den Amtsträger selbst als auch für Dritte tatbestandsmäßig im Sinne der §§ 331 f. StGB seien, sofern sie nur als Gegenleistung für eine vergangene oder zukünftige Diensthandlung gefordert, versprochen oder gewährt würden.

Weiterhin ergibt sich nach Ansicht Rudolphis' aus dem mehrdimensionalen Schutzzweck des Gesetzes [44], daß eine differenzierende Behandlung von Vortatzuwendungen an den Täter und solchen an Dritte keine Rechtfertigung zukomme, da nach dem geltenden Staats- und Verwaltungsrecht Unsachlichkeit und Gesetzwidrigkeit auch dann vorliege, wenn der Amtsträger Entscheidungen mit Rücksicht auf unberechtigte Vorteilszuwendungen an Dritte treffe.

Rudolphi illustriert seine Auffassung am Beispielsfall eines Stadtbaudirektors, der als Gegenleistung für die pflichtwidrige Erteilung

---

44) NJW 1981, 1420: Das Vertrauen der Allgemeinheit in die Sachlichkeit staatlicher Entscheidungen und somit die Funktionsfähigkeit staatlicher Verwaltung soll ebenso geschützt werden wie der Gefahr einer Verfälschung des Staatswillens durch pflichtwidriges Handeln der Amtsträger vorgebeugt werden soll.

einer Baugenehmigung von dem Bauherrn eine Spende an seine Partei, seinen Sportverein oder eine karitative Einrichtung fordert und damit nicht nur gegenüber der Allgemeinheit den Eindruck erwecke, mit Rücksicht auf Spende gewillt zu sein, eine gesetzwidrige Entscheidung zu treffen, sondern zugleich die konkrete Gefahr begründe, daß der Beamte nach Zusage oder Gewährung der geforderten Spende den Staatswillen durch eine gesetzwidrige Erteilung der Baugenehmigung verfälsche[45].

cc.) Stellungnahme

Der Eigennutz des Amtsträgers ist das für die Amtsdelikte konstitutive und damit unverzichtbare Unrechtselement.
Dies ergibt sich nicht lediglich aus einer historisch gewachsenen Rechtstradition und dem daraus resultierenden Verständnis, sondern auch aus der Entstehungsgeschichte des Gesetzes.

Die These Rudolphis, wonach durch extensive Auslegung der Rechtsprechung es zunehmend ermöglicht worden sei, in Wahrheit auch fremdnützige Taten zu strafen, hält einer näheren Überprüfung nicht stand.
So wird trotz teilweise sehr extensiver Bestimmung des Vorteilsbegriffs durch die Rechtsprechung stets daran festgehalten, daß ein mittelbarer Vorteil nur dann vorliegt, wenn er dem Amtsträger selbst eine erkennbare persönliche Besserstellung einbringt[46].

---

45) vgl. Rudolphi NJW 1981, 1420.

46) siehe BGH St 14, 123 (127 f.); RG St 58, 263, 266; 68, 251, 256.

Nicht fremdnützige, sondern lediglich eigennützige Taten, sei es, daß der Amtsträger eigene wirtschaftliche Aufwendungen erspart[47] oder aber sogenannte immaterielle Vorteile erlangt[48], sind von der Rechtsprechung bislang als strafrechtlich relevante Vorteile angesehen worden. Daher kann die bisherige Rechtsprechungspraxis nicht als Argument dafür herangezogen werden, nunmehr auch fremdnützige Taten zu strafen.

Im Gegensatz zur Auffassung Rudolphis ergibt sich aus dem mehrdimensionalen Schutzzweck des Gesetzes durchaus eine differenzierende Behandlung von Vortatzuwendungen an den Täter und denjenigen an Dritte; dies verdeutlicht der hier in Rede stehende Beispielsfall, der pflichtgemäßen Erteilung einer Genehmigung[49].

Das "Sichversprechenlassen" oder "Annehmen" einer Spende durch den Ministerialreferenten an die Partei erweckt gegenüber der Allgemeinheit nicht den Eindruck, daß dieser mit Rücksicht auf die Spende gewillt sei, eine gesetzwidrige Entscheidung zu treffen; vielmehr steht lediglich eine gesetzmäßige Erteilung der Genehmigung in Rede. Offensichtlich liegt darin auch nicht die Begründung der konkreten Gefahr, nach Zusage oder Gewährung der Spende den Staatswillen zu verfälschen, denn dieser beinhaltet ja gerade die rechtmäßige Erteilung von Genehmigungen durch Amtsträger.

---

47) vgl. RG St 64, 291; 15, 359;
vgl. BGH St 14, 128.

48) vgl. RG St 9, 166; 71, 390 (396); 77, 75; RG DRZ 1924, 326; RG HRR 1940, Nr. 872; RG DR 1943, 76; BGH St 14, 123 (127).

49) vgl. S. 121.

Wenngleich Rudolphi nicht abzusprechen ist, daß der von ihm gewählte Beispielsfall einer rechtswidrigen Amtshandlung, der dem Straftatbestand des § 332 StGB entspringt, die Schutzgüter der Bestechungsdelikte tangiert, so muß ihm doch entgegengehalten werden, daß als Konsequenz seines Verzichts auf die Beschränkung des Vorteilsbegriffs auf eigennützige Handlungen und durch die Integrierung auch fremdnütziger Taten insbesondere in dem Bereich rechtmäßiger Amtshandlungen ein faktisches Verbot sämtlicher altruistischer Handlungen von Amtsträgern entstünde.

Bei identischen Tatbestandsmerkmalen besteht zwischen der Vorteilsannahme nach § 331 StGB und der Bestechlichkeit nach § 332 StGB der einzige Unterschied darin, daß die erste Norm eine rechtmäßige, die letzte hingegen eine die Dienstpflichten verletzende Diensthandlung beinhaltet. Daher ist in systematischer Hinsicht eine Ungleichbehandlung der Normen im Hinblick auf eigen- und fremdnützige Taten unzulässig.

Die Einbeziehung auch fremdnütziger Handlungen in den Tatbestand der Bestechungsdelikte beinhaltet darüberhinaus eine unzulässige Deliktsausdehnung mit der Konsequenz, daß jede im Zusammenhang mit Diensthandlungen gewährte wirtschaftliche Zuwendung an Dritte, seien es Parteien, Vereine oder karitative Einrichtungen, dem strafrechtlichen Vorteilsbegriff unterfiele.

Da es jedoch nicht dem Sinn und Zweck der Bestechungstatbestände entspricht, dem einzelnen Amtsträger jegliches altruistisches Tätigwerden für Parteien, Vereine oder karitative Einrichtungen zu verwehren - dies würde ihn, der eine integrierende Funktion in der Gesellschaft ausübt, vollständig aus dem gesellschaftlichen Gefüge herauslösen - ist für die rechtliche Betrachtung an der herkömmlichen Auffassung vom Eigennutz als dem konstitutiven Unrechtselement der Bestechungsdelikte festzuhalten.

Angesichts der sich aus einer Anwendung der Bestechungstatbestände auf die Konstellation "fremdnützige Handlungen bei rechtmäßiger Diensthandlung" ergebenden, vom Gesetz erkennbar nicht beabsichtigten Strafbarkeit der entsprechenden Amtsträger[50)] ergibt sich also, daß der Vorteilsbegriff das ausschließlich eigennützige Moment als ungeschriebenes Tatbestandsmerkmal enthält.

Zutreffenderweise verbleibt bei dem neutralen Beobachter immer dann ein Rest von Unbehagen, wenn die Amtshandlungen - seien es rechtmäßige oder gar rechtswidrige - im Beziehungsverhältnis mit Geldleistungen an Dritte erbracht werden. Jedoch ist das bloße Rechtsgefühl allein kein geeigneter Ansatzpunkt, den materiellen Vorteilsbegriff inhaltlich weiter auszudehnen, zumal nicht eine vermeintliche oder tatsächliche Besserstellung des Amtsträgers, sondern lediglich das Faktum, daß er sich bei seiner konkreten Entscheidung von einer rechtswidrigen oder auch nur unsachgemäßen Motivation hat leiten lassen, dieses rechtliche Unbehagen auslöst.

---

50) Vgl. auch das Fallbeispiel des beamteten Tierarztes, dem ein dankbarer Landwirt nach erfolgreicher Operation seines Zuchtbullen einen Geldbetrag für den vom Tierarzt geleiteten Sportverein zukommen läßt. Die Annahme eines mittelbaren wirtschaftlichen Vorteils und damit die Strafbarkeit nach § 331 I StGB entspricht weder dem Rechtsgefühl noch dem Schutzzweck der Bestechungsdelikte.

Das wird am Beispielsfall deutlich, denn nur die spezifische Motivation des Ministerialbeamten, angesichts der geleisteten Spende ein ordnungsgemäßes Verfahren durchzuführen, läßt die unrichtige Annahme aufkommen, er habe bereits den Deliktstatbestand erfüllt. Diese sicherlich nicht sachgerechte Motivation vermag aber keinesfalls das vom Eigennutz geprägte Tatbestandsmerkmal des "Vorteils" zu ersetzen.
Das ergibt sich auch bei Betrachtung der Abwandlung des Beispielsfalles.[51] Obwohl die Entscheidung des Beamten von der gleichen unsachgemäßen Motivation wie im Ausgangsfall getragen wird - er fällt seine Entscheidung gerade wegen der zurückliegenden Parteispende - erscheint die Annahme eines materiellen Vorteils nunmehr erst recht fernliegend und nicht ernsthaft diskutabel, was verdeutlicht, daß derartige persönliche Motivationen keine objektive Möglichkeit bieten, den Vorteilsbegriff zu bestimmen.

e.) Als Ergebnis des Ausgangsfalles 2 ist somit festzustellen, daß die Weiterleitung des Geldbetrages durch den Beamten an seine Partei für ihn persönlich keinen mittelbaren wirtschaftlichen Vorteil beinhaltet, denn sein Handeln hat ihm ersichtlich in keiner Beziehung einen wirtschaftlichen Nutzen erbracht.

2.) Mittelbarer immaterieller Vorteil

Es bleibt noch zu prüfen, ob der Beamte durch die Annahme der Parteispende möglicherweise einen immateriellen Vorteil erhalten hat.

---

51) vgl. S. 121.

Diese Prüfung liegt insbesondere dann nahe, wenn der Täter ein Amt innehat, das er maßgeblich seiner Stellung und seinem Ansehen in der Partei verdankt, wie dies beispielsweise bei den sogenannten politischen Beamten [52], die jederzeit in den einstweiligen Ruhestand versetzt werden können, der Fall ist.
Insofern können angesichts der Abhängigkeit der Amtsstellung des Beamten von dem Wohlergehen seiner Partei und seinem Ansehen in dieser Partei zumindest größere Spenden mittelbar durchaus zu einem (immateriellen) Nutzen des Amtsträgers führen.

Dabei kommt zum einen in Betracht, daß er durch das Beibringen der Spende seinen Ehrgeiz oder seine Eitelkeit befriedigt, vielleicht auch sein Ansehen in der Partei fördert, oder zum anderen, daß er durch die Besserstellung seiner Partei zugleich auch seine Amtsstellung festigt.[53]

a.) Bei Begutachtung der höchst- und obergerichtlichen Rechtsprechung neuerer Zeit muß festgestellt werden, daß diese sich noch nicht von ihrer extensiven Auslegung des immateriellen Vorteilsbegriffs gelöst hat [54] und somit im Beispielsfall durchaus zur Bejahung eines immateri-

---

52) Welche Beamten hierunter fallen, ist für den Bund in § 36 I BBG, für die Länder in den entsprechenden Bestimmungen der Landesbeamtengesetze abschließend geregelt.
Vgl. dazu die ausführliche Darstellung mit weiteren Nachweisen in: von Münch, Bes. Verw.R S. 73 f. und Fn. 83 f.

53) siehe Rudolphi NJW 1981, 1418.

54) vgl. BGH St 14, 123 (128) obiter dictum; BGH St 33, 336 (339 f.); OLG Zweibrücken NStZ 1982, 204.

ellen Vorteils des Beamten gelangen könnte, sei es, daß die Befriedigung des Ehrgeizes oder der Eitelkeit des Amtsträgers oder aber der Wille, durch die Spendenverschaffung sein Ansehen bzw. seine Stellung in der Partei zu festigen, konstatiert werden würde.
Ob die Rechtsprechung im vorliegenden Fall zwangsläufig zur Bejahung eines solchen Vorteils gelangen würde, kann insofern nicht entschieden werden, als in BGH St 33, 339 die Feststellung, wann die Voraussetzungen mittelbarer Vorteile bei Mitgliedern von Personenvereinigungen für Zuwendungen an die Vereinigung gegeben sein sollen, als Fragestellung des konkreten Einzelfalles offengelassen wird.

b.) Die überwiegende Literatur[55] schließt, insoweit sie überhaupt immaterielle Vorteile genügen läßt, vor allem die bloße Befriedigung des Ehrgeizes oder der Eitelkeit und das Steigern des eigenen Ansehens als immaterielle Vorteile aus, da es sich bei dem mittelbaren Nutzen, welcher dem Amtsträger aus der Spende an seine Partei erwächst, zumindest in aller Regel nicht um eine objektiv meßbare Besserstellung seiner Person handelt. Dies dokumentieren auch die hier zur Diskussion gestellten Beispielsfälle, insbesondere die Abwandlung des Ausgangsfalles.

---

55) vgl.
Dreher-Tröndle § 331 Rn. 11;
SK-Rudolphi § 331 Rn. 21;
Lackner § 331 Anm. 3a aa);
Schönke-Schröder-Cramer § 331 Rn. 21;
LK-Jescheck § 331 Rn. 9;
Blei BT S. 457; Otto BT S. 466;
Schmidhäuser BT S. 262; Welzel Lb S. 539.

c.) Stellungnahme

Eine Berufung auf formelhafte Wendungen wie Befriedigung des Ehrgeizes, der Eitelkeit oder aber den Willen, das Ansehen bzw. die Stellung innerhalb einer Partei zu festigen, genügt angesichts des Bestimmtheitsgrundsatzes nicht den Anforderungen, um einen strafrechtlich relevanten Vorteil zu bejahen.
Bei diesen immateriellen Besserstellungen fehlt es einerseits an ihrer objektiven Meßbarkeit, zum anderen ließe sich dann nahezu jede auch nur entfernte Besserstellung unter den Vorteilsbegriff subsumieren mit der Folge, daß das Merkmal "Vorteil" konturen- und damit quasi tatbestandslos würde.

Daher ist mit der herrschenden Auffassung im Schrifttum zunächst eine Beschränkung des immateriellen Vorteilsbegriffs auf objektiv meßbare Besserstellungen in der Person des Amtsträgers vorzunehmen.
Als Folge daraus ergibt sich, daß die Entgegennahme von Spenden an politische Parteien und die Weitergabe dieser Spenden in der Regel nicht das Tatbestandsmerkmal des Vorteils gemäß §§ 331 ff. StGB erfüllt, da es an der objektiven Meßbarkeit fehlt.[56)]

Anders könnte die Fallkonstellation zu beurteilen sein, daß der Amtsträger, der seiner Partei eine Vielzahl von Spenden verschafft und letztlich wegen dieser Aktivitäten innerhalb der Parteihierarchie "befördert" wird und einen ehrenvollen Posten erhält.

---

56) siehe auch Kaiser NJW 1981, 321 f.

Eine objektive Meßbarkeit wäre zu bejahen, wenn konkret festgestellt werden könnte, daß die Wahl auf den avisierten Vorsitzposten in unmittelbarem Zusammenhang mit der Verschaffung von Parteispenden steht.

Dieser Beispielsfall zeigt aber ebenso deutlich auf, wie problematisch die Handhabung des immateriellen Vorteilsbegriffs auch unter Einschaltung des Kriteriums der "objektiven Meßbarkeit" bleibt.
Da es - unter Beachtung des Bestimmtheitsgrundsatzes - bei der Beurteilung, ob ein strafrechtlich relevanter Vorteil vorliegt, nicht auf ein mehr oder weniger zufälliges Verhalten Dritter ankommen kann und mittels der Bestechungsstraftatbestände auch weder ein faktisches Verbot ehrenamtlichen Fortkommens erreicht noch unsachgemäße oder rechtswidrige persönliche Motivationen des Amtsträgers umfaßt werden sollen, ist es erforderlich, auch das Kriterium der objektiven Meßbarkeit insoweit einzugrenzen, als der immaterielle Vorteil nur eine objektiv meßbare Besserstellung beinhaltet, die bei Vorliegen von Eigennutz einen wirtschaftlich meßbaren Wert besitzt, d.h. eine marktmäßige Bewertbarkeit beinhaltet.

Mit Hilfe dieser einschränkenden Auslegung läßt sich der Begriff des immateriellen Vorteils präzisieren und schließt ausschließlich altruistische Verhaltensweisen von Amtsträgern aus dem Tatbestand der §§ 331 ff. StGB aus.

Zusammenfassend ist festzustellen, daß im Äquivalenzverhältnis zwischen dem Vorteilsgeber und dem Amtsträger als "Vorteil" zwar kein unmittelbarer und direkter Geldvorteil bestehen muß,

jedoch eine Begrenzung des "immateriellen Vorteils" im Sinne eines "negativen Entgelts", d.h. einer objektiven marktmäßigen Bewertbarkeit zu erfolgen hat.
Bei einschränkender Auslegung ist es also erforderlich, beim Empfänger objektiv meßbare Besserstellungen im obigen Sinne festzustellen, wobei im Hinblick auf den Vorteilsbegriff auch nur der bei dem Amtsträger konkret ankommende Vorteil, nicht jedoch die vom Geber aufgewendete und möglicherweise eher konkretisierende Zuwendung entscheidend ist.

Alle unterhalb der aufgezeigten Schwelle liegenden Besserstellungen mögen zwar im Einzelfall mißbilligenswert sein, unterfallen jedoch nicht den Bestechungstatbeständen und damit nicht ihrer strafrechtlichen Bewertung.
Das gilt insbesondere für die Annahme und Weiterleitung von Spenden, wobei es keinen Unterschied macht, ob es sich um Spenden für eine politische Partei, einen Verein oder karitative Einrichtung handelt.
Sollte im Bereich der Parteispenden aufgrund einer negativen öffentlichen Meinung, die auf vereinzeltem Fehlverhalten von Amtsträgern beruht, eine Regelung wünschenswert erscheinen, so hat diese außerhalb des StGB zu erfolgen.

Das Instrumentarium des Beamtenrechts ermöglicht es beispielsweise, entsprechende Dienstanweisungen zu erlassen, deren Verletzung dann disziplinarrechtlich geahndet werden könnte, so daß letztlich auch kein Bedürfnis nach strafrechtlicher Verfolgung besteht.

Fall 3:

"Sexuelle Gunstbezeugungen"

Der Leiter einer JVA wird von der Ehefrau eines Strafgefangenen aufgesucht, für den die konkrete Möglichkeit einer vorzeitigen Haftentlassung besteht. Da dies den Plänen der Frau entgegensteht, versucht sie den Direktor dahingehend zu überzeugen, daß eine Haftentlassung verfrüht sei.
Der Direktor, der eine ausgeprägte Schwäche für das weibliche Geschlecht hat, erklärt sich unter der Voraussetzung der Gewährung sexueller Gunstbezeugungen mit der Erstellung eines negativen Gutachtens, das die Chancen einer vorzeitigen Haftentlassung des Ehemannes deutlich verringert, einverstanden.

Betrachtet man die in diesem Beispiel angesprochene Fallgruppe der Gewährung sexueller Vergünstigungen, so ist einleitend festzustellen, daß die höchstrichterliche Rechtsprechung sich seit nunmehr 50 Jahren[57)] nicht wieder in einer veröffentlichten Entscheidung mit der Frage auseinandergesetzt hat, ob und inwiefern die Gewährung des Geschlechtsverkehrs bzw. sonstiger sexueller Handlungen einen Vorteil im Sinne der Bestechungsdelikte darstellt.
Jedoch wurde jedenfalls die Gewährung bzw. das Versprechenlassen des Geschlechtsverkehrs immer schon - wie auch noch heute[58)] - als Vorteil

---

57) vgl. dazu die letzte Entscheidung des RG vom 11.11.1937, RG St 71, 390 (396).

58) BGH, 2 StR 487/77 vom 1.3.1978 - unveröffentl. Entscheidung -, zitiert nach Dreher-Tröndle § 331 Rn. 11.

der Bestechungsdelikte angesehen.[59]

Hingegen braucht nach Auffassung des BGH[60] eine flüchtige Zärtlichkeit, die in einem kurzen Umarmen und Küssen auf der Straße erfolgt, noch kein immaterieller Vorteil zu sein.

In Übereinstimmung mit der Rechtsprechung wird im Schrifttum ganz überwiegend[61] die Gewährung des Geschlechtsverkehrs als Vorteil angesehen, wie dies auch bereits die Intention des Gesetzgebers des StGB 1975 gewesen ist.[62]

Jedoch fehlt es, abgesehen von der allgemeinen Vorteilsdefinition [63], üblicherweise an einer Begründung, warum sexuelle Vergünstigungen einen objektiv meßbaren Inhalt haben und den Amtsträger als den Vorteilsnehmer auch tatsächlich besserstellen.
Vielmehr wird die Befürwortung und Akzeptanz der den Vorteilsbegriff für diese Fallgruppe bejahenden Rechtsprechung lediglich in Form von Bekenntnissen erbracht, an deren Ergebnisrichtigkeit indes nicht zu zweifeln ist.

1.) Es läßt sich dennoch begründen, warum die Gewährung des Geschlechtsverkehrs sowie die außerhalb der Sozialadäquanz[64] liegender sexueller

---

59) vgl. S. 25 ff.

60) BGH NJW 1959, 1834 = JZ 1960, 30.

61) vgl. Nachweis S. 83, Fn. 18.

62) vgl. S. 86 ff., insbes. S. 87, Fn. 4.

63) vgl. nur BGH St 33, 336 (339).

64) Hierzu wäre der vom BGH NJW 1959, 1834 entschiedene Fall zu zählen, wo bereits aufgrund der Sozialadäquanz kein Vorteil vorliegt. Vgl. dazu Fall 1, S. 107 ff., insbes. S. 115 ff.

Handlungen dem Vorteilsbegriff der Bestechungsdelikte unterfallen.

Zwar kommt dem Geschlechtsverkehr, wie auch anderen sexuellen Handlungen, grundsätzlich und bei abstrakter Betrachtung kein objektiv meßbarer Wert zu, da solche aus höchstpersönlichen Beziehungen entspringenden Verhaltenweisen ausschließlich der - Außenstehenden nicht zugänglichen - Privatsphäre zuzurechnen sind und damit auch keine objektiv meßbaren Werte offenbaren können.

Jedoch gibt es seit Alters her in fast allen Kulturkreisen der Erde das bekannte Phänomen, daß sexuelle Vergünstigungen als käufliche "Handelsware" zu erhalten sind.
Somit erweist sich ein dem Grunde nach als Nichtvermögenswert angelegtes Verhalten als kommerzialisierbar, d.h. als durch Geldwert bestimmbar.

a.) Das aber bedeutet in Übereinstimmung mit der Rechtsprechung des Reichsgerichts [65], daß dem von einer Prostituierten verrichteten oder angebotenen Geschlechtsverkehr ein den jeweiligen Umständen entsprechender, objektiv meßbarer Geldwert zukommt, der auch marktmäßig[66] problemlos zu bestimmen ist, weil sich der "Wert" der Prostituierten anhand von Angebot und Nachfrage immer feststellen läßt.
Der Vorteil des Amtsträgers stellt sich somit als ein materieller Vorteil dar, der in der Ersparnis von geldwerten Aufwendungen für die Pro-

---

65) vgl. dazu S. 25 ff., insbes. S. 28 ff.

66) siehe Fall 2, insbes. S. 138.

stituierte zu sehen ist; eines Rückgriffs auf den immateriellen Vorteilsbegriff bedarf es hier also nicht.

b.) Etwas wesentlich anderes gilt auch nicht für die im Beispielsfall 3 der Ehefrau des Strafgefangenen angesonnene Leistung, denn die Frau soll sich dadurch prostituieren, daß sie als Gegenleistung für ein negativ gehaltenes Gutachten sexuelle Gunstgewährungen erbringt.
Die geforderten sexuellen Gunstbezeugungen sind als Preis für ein pflichtwidriges Verhalten des Amtsträgers anzusehen und beinhalten jedenfalls auch insofern eine geldwerte, objektiv meßbare Zuwendung, als es für gleichartige Leistungen einen Markt gibt, welcher die Bewertbarkeit ermöglicht.[67)]

Der Amtsträger hat jedoch im Gegensatz zum Prostituiertenbeispiel keinen unmittelbaren, in der Ersparnis von Aufwendungen liegenden materiellen Vorteil, weil er die geforderten sexuellen Handlungen von der ihm konkret gegenüberstehenden Frau nicht für Geld, sondern nur durch ein bestimmtes dienstliches Handeln zu erhalten können glaubt.

Dennoch liegt der Vorteil auch hier in einer materiellen Besserstellung, der zwar kein personenbezogener Geldwert zukommt, die andererseits aber nach objektiven marktmäßigen Kriterien bewertbar ist, weil es einen der Kommerzialisierung beziehungsweise Kommerzialisierbarkeit unterfallenden "Markt der Gefühle" gibt.

---

67) vgl. die von Klinghardt, S. 485, dargestellte Regelung in Italien.

Diese im Sinne einer Kommerzialisierbarkeit bewertbare Besserstellung unterfällt ebenfalls dem materiellen Vorteilsbegriff, da sie sich in Geld veranschlagen läßt.

2.) Zusammenfassend ist also festzustellen, daß alle Fälle sexueller Gunstbezeugungen, die einem Äquivalenzverhältnis im Sinne einer Unrechtsvereinbarung zwischen dem Vorteilsgeber und dem Vorteilsnehmer entspringen, geldwerte Vorteile - sei es unmittelbarer oder mittelbarer Art - darstellen und damit dem materiellen Vorteilsbegriff der Bestechungsdelikte unterfallen.

6. K a p i t e l

Ausgehend von dem zuletzt besprochenen Beispiel der Gewährung sexueller Vergünstigungen, welche in Rechtsprechung[1] und Literatur[2] herkömmlich als der <u>typische</u> Fall des <u>immateriellen</u> Vorteils gilt, stellt sich die Frage, ob eine Einteilung des Vorteilsbegriffs in "materielle" und "immaterielle" Vorteile überhaupt noch sinnvoll und erforderlich ist.
Daher sollen die Fälle, in denen der Vorteil herkömmlich als "immateriell" bezeichnet wird, nunmehr daraufhin überprüft werden, ob tatsächlich nicht sogar materielle Besserstellungen vorliegen.

I. <u>Die Fallgruppen herkömmlicher Art</u>

1.) Sexuelle Vergünstigungen als Vorteil

Die Kommerzialisierbarkeit sexueller Vergünstigungen[3] zeigt, daß alle Fälle, in denen es zu einer Unrechtsvereinbarung zwischen dem Vorteilsgeber und dem Vorteilsnehmer im Hinblick auf die Gewährung sexueller Handlungen kommt, nicht mehr des insoweit überflüssigen Rückgriffs auf den sogenannten immateriellen Vorteilsbegriff bedürfen.

Vielmehr handelt es sich bei dieser Fallgruppe letztlich um wirtschaftliche Besserstellungen, also um materielle Vorteile, die zu einer objek-

---

1) vgl. Nachweise auf S. 25 ff., 64, 87 ff., 140 ff.
2) siehe Nachweis S. 83, Fn. 18.
3) vgl. S. 140 ff., insbes. S. 142 ff.

tiv meßbaren Verbesserung der Lage des Empfängers führen, da er entweder Aufwendungen erspart oder aber einen wirtschaftlich bewertbaren Gegenwert vom Vorteilsgeber erhält.

Damit kommt es auch nicht mehr auf die Beantwortung der Frage an, ob die Gewährung sexueller Vergünstigungen beim Amtsträger besondere Lustgefühle hervorgerufen hat, deren Bewertbarkeit im Sinne eines immateriellen Vorteilsbegriffs mehr als zweifelhaft erscheint, weil eine objektive Meßbarkeit des konkreten persönlichen Lustgewinns kaum möglich ist.

Folglich spricht eine rechtsstaatlich einwandfreie, den Tatbestand der Bestechungsdelikte im Sinne des Bestimmtheitsgebotes des Art. 103 Abs. 2 GG einschränkende Auslegung dafür, sämtliche sexuelle Vergünstigungen als materielle Vorteile anzusehen, insofern sie einerseits deutlich über der Geringfügigkeitsschwelle[4)] liegen und andererseits zudem auch marktmäßig bewertbar sind. Diesbezüglich muß den sexuellen Vergünstigungen ein direkter oder jedenfalls ein indirekter Geldwert zukommen.

Eine solche Lösung entspricht im übrigen auch der Intention des historischen Gesetzgebers[5)], der einzig aufgrund Verkennung der Tatsache, daß der Gewährung des Geschlechtsverkehrs und sonstiger sexueller Handlungen ein eigenständiger wirtschaftlicher Wert zukommen kann, auch den immateriellen Vorteil zugelassen hat, statt den eigentlich zutreffenden Begriff des "Entgelts"

---

4) vgl. auch S. 60 ff.

5) siehe S. 87 mit umfangreichen Nachweisen.

zu verwenden, unter den nach der hier vertretenen Auffassung auch die vorgenannte Fallgruppe zu subsumieren gewesen wäre.

Somit ergibt sich, daß es sich bei der herkömmlich als "immaterieller Vorteil" bewerteten Fallgruppe der Gewährung sexueller Vergünstigungen tatsächlich jedoch um materielle Vorteile handelt.

2.) Ehrgeiz- oder Eitelkeitsbefriedigung

Betrachtet man die weitere Fallkonstellation, wonach auch die Befriedigung des Ehrgeizes oder der Eitelkeit des Amtsträgers sowie die Gunsterringung des Vorgesetzten zu den immateriellen Vorteilen gezählt werden[6], dann zeigt sich, daß diese Fälle tatsächlich nicht dem wirtschaftlichen Vorteilsbegriff unterfallen, da derartige Besserstellungen keiner marktmäßigen Bewertbarkeit unterzogen werden können, ihnen mithin keinerlei irgendwie gearteter Geldwert zukommt.

Da angesichts der Heranziehung des zur rechtsstaatlich gebotenen Einschränkung der Bestechungstatbestände erforderlichen Kriteriums der objektiven Meßbarkeit[7] sowie wegen der durch die Sozialadäquanz[8] tatbestandlich gezogenen Minimalgrenze (Unerheblichkeitsschwelle) eine Vielzahl

---

6) vgl. Nachweise auf S. 31 ff., 35 ff., 41 f., 44 ff., 62 f., 65 ff., 75.

7) siehe S. 83 f.

8) vgl. Fall 1 S.107 ff., Fall 2 S. 121 ff.; BGH St 15, 239 (250 ff.) = S. 47; BGH St 15, 217 (223) = S. 46; BGH NJW 1986, 860 = S. 55.

nicht eindeutig feststellbarer oder nur als geringfügig zu bewertender materieller Vorteile bereits nicht den Tatbestand der §§ 331 ff. StGB erfüllen, wird deutlich, daß nicht jede irgendwie geartete Besserstellung des Amtsträgers, die eine Ehrgeiz- beziehungsweise Eitelkeitsbefriedigung oder nur die Position bei dem Vorgesetzten betrifft, geeignet ist,den "Vorteilsbegriff" der Bestechungsdelikte auszufüllen.

a.) So ist die neue Anstellung des Bruders eines höheren Beamten nach dessen finanziellem Zusammenbruch für den Beamten nicht deswegen ein immaterieller Vorteil, weil die Nichtanstellung des Bruders seinem Ruf abträglich gewesen wäre und die Neuanstellung dem Ruf zugute kommen würde.[9)]

Eine solche immaterielle Besserstellung ist nicht objektiv meßbar, und ihre Annahme als "Vorteil" im Sinne der Bestechungsdelikte entspräche somit nicht dem strafrechtlichen Bestimmtheitsgebot des Art. 103 Abs. 2 GG.

In einer derartigen Fallkonstellation kommt indes die Annahme eines materiellen Vorteils in Betracht.

Dies setzt aber voraus, daß den Amtsträger seinem Bruder gegenüber eine gesetzliche Unterhaltspflicht im Sinne der §§ 1601 ff. BGB trifft. Nur, wenn der Beamte dergestalt verpflichtet wäre, dem Angehörigen Unterhalt zu gewähren, könnte die Neuanstellung als ein die Ersparnis von Aufwendungen beinhaltender materieller Vor-

---

9) so aber RG HRR 1940, Nr. 872 mit ausführlicher Besprechung S. 31 f., 36 f.

teil angesehen werden.
Besteht hingegen - wie im vorliegenden Fall - kein gesetzlicher Unterhaltsanspruch, weil es sich bei Brüdern nicht um Verwandte gerader Linie handelt[10], und kommt damit auch kein Übergang von Ansprüchen auf den eventuell tätig gewordenen Sozialhilfeträger in Betracht[11], so ist in der Neuanstellung auch kein materieller Vorteil zu sehen.

Daraus folgt, daß ein materieller Vorteil des Amtsträgers nur dann vorgelegen hätte, wenn ihn die Neuanstellung seines Verwandten von einer eigenen Unterhaltspflicht befreit hätte.

b.) Aus dem unter a.) Gesagten folgt weiterhin, daß für einen Beamten auch der Ruf der Zuverlässigkeit in seinen Versprechungen, die Erlangung und Festigung von Freundschaft sowie die Erringung der Gunst einer Respektsperson[12] weder materielle noch immaterielle Vorteile sind, da es einerseits an einer konkreten wirtschaftlichen Besserstellung fehlt und andererseits auch eine objektive Meßbarkeit des vermeintlichen immateriellen Vorteils nicht möglich ist.

Die diesem Fallbeispiel denkbarerweise innewohnende Besserstellung des Beamten unterfällt angesichts ihrer Unbestimmbarkeit jedoch nicht dem strafrechtlichen Vorteilsbegriff und ist damit auch im Hinblick auf den "immateriellen" Vorteil unbeachtlich.[13]

---

10) vgl. Palandt-Diederichsen § 1601 Anm. 2.
11) vgl. §§ 90 f. BSHG.
12) so RG DR 1943, 76.
13) vgl. dazu S. 32 ff., 37.

c.) Betrachtet man zudem die bereits erörterte Entscheidung des BGH im 33. Bande, S. 336 [14]), wonach die Erteilung einer Baugenehmigung sowie der Nichtabriß des Vereinsheimes eines Sportvereins nur für dessen Vorstandsmitglieder einen immateriellen Vorteil beinhalten soll, und zwar wegen ihrer herausgehobenen Position und des damit verbundenen starken persönlichen Interesses an der Bestandserhaltung des nicht genehmigungsfähigen Gebäudes, dann wird deutlich, daß auch hier der immaterielle Vorteilsbegriff mißbräuchlich verwendet wurde.
Denn der Nichtabriß eines nach materiellem Baurecht nicht genehmigungsfähigen Gebäudes beinhaltet für alle Vereinsmitglieder doch gerade materielle Vorteile dergestalt, daß sie zum einen für bereits in das Gebäude investierte geldwerte Leistungen einen materiellen Gegenwert behalten, der bei einem Abriß ersatzlos entfiele und zum anderen nicht mit Investitionen für ein an einem anderen Standort belegenes neues Vereinsheim belastet werden.

Damit kommt es nunmehr auch hier nicht mehr auf die auf unsicherer Tatsachengrundlage beruhende [15]) Beantwortung der Frage an, ob einigen Vereinsmitgliedern über den materiellen Vorteil hinaus zudem ein - hier nicht objektiv meßbarer, nur im Wege spekulativer Betrachtung vermutbarer - immaterieller Vorteil zugeflossen ist.

---

14) vgl. dazu S. 52-58.

15) vgl. dazu S. 55 ff.

d.) Auch die weiteren praktisch relevanten Fallgestaltungen der
"Belobigung eines Beamten in den Medien für sein rechtmäßiges Amtshandeln"[16)]
sowie der
"Weiterleitung von Parteispenden"[17)] als Variante des mittelbaren Vorteils lassen - wie zuvor nachgewiesen[18)] - keinen Anwendungsbereich für einen "immateriellen" Vorteil erkennen.

e.) Es zeigt sich also, daß dem immateriellen Vorteilsbegriff in den herkömmlichen Fallgestaltungen keinerlei Bedeutung zuzumessen ist, da teilweise bereits unmittelbare materielle Vorteile vorliegen, andernteils die immateriellen Besserstellungen nicht objektiv meßbar sind oder aber wegen ihrer Unerheblichkeit überhaupt nicht dem Tatbestandsmerkmal "Vorteil" unterfallen.

II. Die verbleibenden Fälle des echten immateriellen Vorteils

Somit stellt sich die Frage, welche Fälle überhaupt noch denkbarerweise dem "immateriellen" Vorteilsbegriff unterfallen könnten.

1.) Hier ist zunächst die Fallgruppe anzuführen, daß dem Amtsträger die Verleihung eines privaten Ordens, wie beispielsweise des Ordens wider den tierischen Ernst, zur Befriedigung

---

16) vgl. Fall 1 S. 107 ff., insbes. S. 109 ff., 115 ff.

17) vgl. Fall 2 S. 121 ff., insbes. S. 130 ff.

18) siehe Fn. 16, 17.

des persönlichen Ehrgeizes oder der Eitelkeit dient und damit zum immateriellen Vorteil der Bestechungstatbestände des StGB wird.

Denkbare gleichartige Fälle sind weiterhin:

- Benennung einer privaten Einrichtung mit dem Namen eines Politikers
- Vergabe eines Preises durch ein Industrieunternehmen unter gleichzeitiger Benennung des Preises nach einem Amtsträger
- Herausstellung des Amtsträgers als Volksheld auf der Titelseite einer großen Tageszeitung oder eines anderen Massenmediums.

Diese denkbaren Fälle erfordern als unabdingbare Voraussetzung einer rechtsstaatlich gebotenen Tatbestandseinschränkung [19] der Bestechungsdelikte jedoch zunächst die objektive Meßbarkeit des jeweiligen immateriellen Vorteils in der Weise, daß die den Ehrgeiz oder die Eitelkeit ausfüllenden persönlichen Empfindungen des betroffenen Amtsträgers deutlich feststellbar nach außen getreten sein müssen.
Denn ansonsten läßt sich die subjektive Wertschätzung eines konkreten Täters lediglich an allgemeingültigen Erfahrungswerten bemessen. Indes muß die Anwendung allgemeingültiger Erfahrungssätze bei der Beantwortung der Frage, ob jeder Amtsträger sein Herz wirklich an einen Orden oder Titel hängt [20], scheitern, weil derartige objektive Erfahrungswerte nicht existieren.

---

19) vgl. S. 104 ff., S. 146.

20) vgl. auch Geerds, Bestech. S. 66.

Zudem bleibt festzustellen, daß die Beurteilung einer derartigen Situation in praxi zu nicht unerheblichen Beweisschwierigkeiten führen kann, wenn der betreffende dekorierte Amtsträger den persönlichen Wert des Ordens oder der sonstigen Herausstellung bestreitet.

Selbst wenn es gelingen sollte, einen solchen Beweis zu erbringen, so bewegt sich - und das wiegt erheblich schwerer - die Beschreibung des Deliktstatbestandes dieser Fallkonstellation auf einer unsicheren und damit rechtsstaatlich bedenklichen Grundlage, da sie nicht auf einen Verkehrs- beziehungsweise Marktwert oder auf eine ähnliche Bemessungsgrundlage gestützt werden kann.

2.) Als weitere Fallgruppe innerhalb der als Ehrgeiz- oder Eitelkeitsbefriedigung bezeichneten immateriellen Vorteile ist die Konstellation denkbar, daß dem Amtsträger im Austauschverhältnis für eine pflichtgemäße oder auch pflichtwidrige Diensthandlung Zuwendungen materieller Art an dessen politische Partei gewährt werden.

Geht man hier ebenfalls davon aus, daß die den persönlichen Ehrgeiz, das Weiterkommen in der Partei beziehungsweise die Eitelkeit ausmachenden Empfindungen des Täters deutlich meßbar nach außen getreten sind, dann stellt sich auch hier die Frage, ob diese mittelbaren immateriellen Besserstellungen dem strafrechtlichen Vorteilsbegriff zugerechnet werden können.

Zwar läßt das Rechtsgefühl eines objektiven Drittbeobachters gerade in diesen Fällen einen Rest von Unbehagen und Unsicherheit bestehen, wenn festzustellen gilt, daß ein solches Verhalten von Seiten des Amtsträgers straflos zu bleiben hat. Dies liegt aber nicht daran, daß Ehrgeiz- oder Eitelkeitsbefriedigung durchaus als strafbewehrte und damit relevante Vorteile der Bestechungsdelikte angesehen werden können. Vielmehr entstehen die genannten Bedenken doch nur gerade deswegen, weil der Amtsträger sich von einer unsachgemäßen Motivation, wie beispielsweise von übersteigertem Ehrgeiz, in seiner konkreten Entscheidung hat leiten lassen.

Eine unsachgemäße oder gar rechtswidrige Motivation zum Bestandteil des strafrechtlichen Vorteilsbegriffs zu machen, ist jedoch unzulässig, da damit in Wahrheit nicht das objektive Tatbestandsmerkmal "Vorteil", sondern lediglich eine als unsachgemäß, mithin unerwünschte, Gesinnung zum Tatbestandsmerkmal erhoben wird.

Es zeigt sich also, daß eine wie auch immer geartete Motivation des Amtsträgers nicht geeignet ist, den Vorteilsbegriff des Gesetzes auszufüllen.

Weitere Fälle, die als "echte immaterielle Vorteile" zu bewerten wären, sind ernsthaft nicht zu erwägen.
Mangels Anwendungsbereichs ist dieser umstrittene Begriff somit überflüssig und sollte daher sinnvollerweise zukünftig entfallen.

Zusammenfassung

Das Ergebnis vorstehender Untersuchung des "immateriellen Vorteilsbegriffs" läßt sich wie folgt zusammenfassen:

1. Die zum immateriellen Vorteilsbegriff ergangene Rechtsprechung hat bisher keine dem Bestimmtheitsgebot des Art. 103 Abs. 2 GG entsprechenden randscharfen Abgrenzungskriterien zu vermitteln vermocht; sie birgt vielmehr im Einzelfall die Gefahr einer unzulässigen extensiven Interpretation.

2. Eine Begrenzung des immateriellen Vorteilsbegriffs mittels des Kriteriums der objektiven Meßbarkeit ist möglich, wenn als Vorteile nur solche Besserungen angesehen werden, die einen objektiv meßbaren Inhalt haben und zu einer tatsächlichen, einer objektiven marktmäßigen Bewertbarkeit zugänglichen Besserstellung im Sinne einer wirtschaftlich meßbaren Wertsteigerung führen.

3. Die Sozialadäquanz liefert unter bestimmten Voraussetzungen das zutreffende Einschränkungskriterium zur Profilierung des Deliktstypus der Bestechungstatbestände und ist für das Tatbestandsmerkmal "Vorteil" somit ein außerhalb von Rechtswidrigkeit und Schuld liegender Tatbestandseinschränkungsgrund.

4. Im Bereich "immaterieller Zuwendungen" ist stets die Prüfung der Geringfügigkeit des Vorteils von wesentlicher Bedeutung. Dabei sind deutlich mehr als ganz unerhebliche Besserstellungen des Betroffenen zu fordern, um einen strafbewehrten "Vorteil" annehmen zu können.

5. Rechtswidrige oder nicht sachgerechte Motivationslagen des Amtsträgers sind nicht geeignet, das vom Eigennutz geprägte Tatbestandsmerkmal des Vorteils zu ersetzen.

6. In den herkömmlichen Fallgestaltungen ist dem immateriellen Vorteilsbegriff keinerlei Bedeutung zuzumessen, da entweder bereits unmittelbare beziehungsweise mittelbare materielle Vorteile vorliegen oder aber sich keine dem Bestimmtheitsgebot genügende immaterielle Besserstellung erkennen läßt.

7. Im Bereich denkbarer praktischer Fallgestaltungen erweist sich der immaterielle Vorteilsbegriff herkömmlicher Art als überflüssig; die einer klaren Eingrenzung zugängliche, oben unter 2. angeführte Definition des immateriellen Vorteils dagegen bietet Gewähr für eine hinreichende strafrechtliche Ahndung der verbleibenden - nicht direkten materiellen - Besserstellungen von Amtsträgern.

Literaturverzeichnis

Alcalay, David — Active und passive Bestechung nach dem Strafgesetzbuch für das Deutsche Reich, Diss. Preßburg 1889

Amelung, Knut — Die Zulässigkeit der Einwilligung bei den Amtsdelikten. - Zum Verhältnis von Staatsschutz und Individualschutz im Deutschen Amtsstrafrecht, in: Festschrift für Hanns Dünnebier zum 75. Geburtstag, Berlin 1982, zitiert: Amelung FS-Dünnebier S. 487 ff.

Arzt, Gunther/ Weber, Ulrich — Strafrecht Besonderer Teil, LH 5: Delikte gegen den Staat, gegen Amtsträger und durch Amtsträger Bielefeld 1982 zitiert: Arzt/Weber LH 5

Bader, Karl S. — Die deutsche Justiz im Selbstzeugnis, in: JZ 1960, 1 ff.

Bank, Bernhard — Zustimmung der Dienstbehörde zur Geschenkannahme im Rahmen der Bestechungstatbestände, in: NJW 1962, 85 ff.

Baumann, Jürgen — Zur Problematik der Bestechungsdelikte, Tübingen 1961

ders. — Buchbesprechung Eb. Schmidt, Die Bestechungstatbestände in der höchstrichterlichen Rechtsprechung von 1879-1959, in: BB 1960, 1251

Baumann, Jürgen | Zur Problematik der Bestechungstatbestände, in: BB 1961, 1057 ff.

Baumann, Jürgen/ Weber, Ulrich | Strafrecht Allgemeiner Teil, 9. Auflage, Bielefeld 1985, zitiert: Baumann/Weber AT

Binding, Karl | Lehrbuch des Gemeinen Deutschen Strafrechts, Besonderer Teil, 2. Band, Leipzig 1905, zitiert: Lb II 2

Birkmeyer, Karl | Bestechung (§§ 331-335 RStrGB), in: Vergleichende Darstellung des Deutschen und Ausländischen Strafrechts, Besonderer Teil, IX. Band, S. 309 ff., Berlin 1906

Blei, Hermann | Strafrecht II, Besonderer Teil, 12. Auflage, München 1983, zitiert: Blei BT

ders. | Das Rechtsgut der Bestechungsdelikte, in: JA 1974, 311

Bockelmann, Paul | Buchbesprechung Eb. Schmidt: Die Bestechungstatbestände in der höchstrichterlichen Rechtsprechung von 1879 bis 1959, in: ZStW 72 (1960), 251 ff.

Bohne, Gotthold | Anmerkung zu OLG Hamburg, Ss 58/47 vom 2.7.1947, SJZ 1948, 687 ff., in: SJZ 1948, 693 ff.

Cohn, Georg | Die Justizverweigerung im altdeutschen Recht, Karlsruhe 1876

Creifels | Beamte und Werbegeschenke, in: GA 1962, 33 ff.

Dahs, Hans | Differenzierungen im subjektiven Tatbestand der aktiven Bestechung, in: NJW 1962, 177 ff.

Dencker, Friedrich | Aufsatzbesprechung Scheu NJW 1981, 1195 und Kaiser NJW 1981, 321, in: NStZ 1982, 154

Dingeldey, Thomas | Anmerkung zu BGH NStZ 1984, 501 ff., in: NStZ 1984, 503 ff.

Dölling, Dieter | Betrug und Bestechlichkeit durch Entgeltannahme für eine vorgetäuschte Dienstpflichtverletzung? - BGH NJW 1980, 2203, in: JuS 1981, 570 ff.

Dornseifer, Gerhard | Strafrechtsreform im Einführungsgesetz, in: JZ 1973, 267 ff.

Dreher-Tröndle | Strafgesetzbuch und Nebengesetze, Eduard Dreher, Herbert Tröndle, 40. Auflage, München 1981, zitiert: Dreher-Tröndle, 40. A.

Dreher-Tröndle | Strafgesetzbuch und Nebengesetze, Eduard Dreher, Herbert Tröndle, 43. Auflage, München 1986

Ebert, Udo | Verletzung der amtlichen Schweigepflicht als Bezugshandlung der Bestechungstatbestände? in: GA 1979, 361 ff.

Feuerbach, Paul Joh. Anselm Ritter von — Themis oder Beiträge zur Gesetzgebung, Teil IV: Über die Bestechung der Staatsbeamten, Landshut 1812

Feuerbach-Mittermaier — Lehrbuch des Gemeinen in Deutschland gültigen peinlichen Rechts mit vielen Anmerkungen und Zusatzparagraphen, hrsg. von C.J.A. Mittermaier, 14. Auflage, Gießen 1847

Fuhrmann, E. — Die Bestechungstatbestände (Zur Monographie von Eberhard Schmidt, Die Bestechungstatbestände in der höchstrichterlichen Rechtsprechung von 1879-1959), in: JR 1960, 454 f.

Fuhrmann, Hans — Die Annahme von sogenannten Aufmerksamkeiten durch Beamte, in: GA 1959, S. 97 ff.

ders. — Berechtigung der Rechtsprechung des Reichsgerichts und des Bundesgerichtshofs in § 332 StGB über den Ermessensbeamten, in: ZStW 72 (1960), 534 ff.

ders. — Einzelfragen zu der Rechtsprechung über den "Ermessensbeamten", in: GA 1960, 105 ff.

Frank, Reinhard — Das Strafgesetzbuch für das Deutsche Reich, 18. Auflage, Tübingen 1931

Gallas, Wilhelm — Zum gegenwärtigen Stand der Lehre vom Verbrechen, in: ZStW 67 (1955), S. 1 ff.

Geerds, Friedrich — Über den Unrechtsgehalt der Bestechungsdelikte und seine Konsequenzen für Rechtsprechung und Gesetzgebung,
Tübingen 1961,
zitiert: Geerds, Bestech.

ders. — Anmerkung zu OLG Zweibrücken, Beschluß vom 15.12.1981 - 1 Ss 3/81,
in: JR 1982, 384 ff.

ders. — Anmerkung zu BGH St 33, 336 ff.,
in: JR 1986, 253 ff.

Geppert, Klaus — Amtsdelikte (§§ 331 ff. StGB),
in: Jura 1981, 42 ff.

Gerland, Heinrich B. — Deutsches Reichsstrafrecht
Ein Lehrbuch,
2. Auflage, Berlin, Leipzig 1932

Geyer — Teilnahme mehrerer an einem Verbrechen und Begünstigung,
in: Handbuch des deutschen Strafrechts, hrsg. von Fr. von Holtzendorff,
4. Band, S. 139 ff., Berlin 1877

Goltdammer — Die Materialien zum Strafgesetzbuche für die Preußischen Staaten aus den amtlichen Quellen nach den Paragraphen des Gesetzbuches zusammengestellt und in einem Kommentar erläutert; Teil II, 1852,
zitiert: Goltdammers Materialien II

Hälschner, Hugo — Das gemeine deutsche Strafrecht,
2. Band, II. Abt.,
Bonn 1887,
zitiert: Hälschner StR II

Haft, Fritjof — Strafrecht, Besonderer Teil, München 1982, zitiert: Haft BT

Heffter, August Wilhelm — Lehrbuch des gemeinen deutschen Strafrechts mit Rücksicht auf ältere und neuere Landesrechte, 5. Auflage, Braunschweig 1854

Henkel, Heinrich — Die Bestechlichkeit von Ermessensbeamten, in: JZ 1960, 507 ff.

Hofmeister, Karl — Die Bestechung im geltenden Strafrecht und im Vorentwurf mit Berücksichtigung des österreichischen Vorentwurfs, Diss. Heidelberg 1911

Holling, Werner — Das Recht zur Bekämpfung von Bestechungshandlungen, in: DR 1942, 1624 ff.

Hummel, Kurt — Die Verfallerklärung, § 335 des Strafgesetzbuches für das Deutsche Reich, Diss. Saarbrücken 1929

Jakobs, Günther — Strafrecht Allgemeiner Teil Die Grundlagen und die Zurechnungslehre, Berlin 1983

Jescheck, Hans-Heinrich — Lehrbuch des Strafrechts, Allgemeiner Teil, 3. Auflage, Berlin 1978, zitiert: Jescheck AT

Kaiser, Eberhard — Spenden an politische Parteien und strafbare Vorteilsannahme, in: NJW 1981, 321 f.

Katzenstein, Jakob — Die richterliche Bestechung (§ 334 R.St.G.B), in: ZStW 23 (1903), S. 163 ff.

Kaufmann, Arthur — Anmerkung zu BGH St 12, 146 vom 21.11.1958, in: JZ 1959, 375 ff.

Kirschbaum/Schmitz — Grenzen der Bestechungstatbestände, in: GA 1960, 321 ff.

Kleinfeller — Verletzung der Amtspflicht, in: Der Gerichtssaal, 92. Band 1926, S. 336 ff.

Klinghardt, Renate — Die Amtsdelikte, in: Materialien zur Strafrechtsreform, 2. Band, Rechtsvergleichende Arbeiten II Besonderer Teil, Bonn 1955, S. 479 ff.

Klug, Ulrich — Psychologische Vereinfachungen und strafrechtliche Folgerungen bei der Auslegung der Bestechungsdelikte, in: JZ 1960, 724 ff.

ders. — Sozialkongruenz und Sozialadäquanz im Strafrechtssystem, in: Festschrift für Eb. Schmidt zum 70. Geburtstag, Göttingen 1961, S. 249 ff., zitiert: Klug FS-Eb. Schmidt

ders. — Sozialkongruenz und Sozialadäquanz im Strafrechtssystem, in: Skeptische Rechtsphilosophie und humanes Strafrecht, Bd. 2, Materielle und formelle Strafrechtsprobleme, 1981, S. 194 ff.

Kohlrausch/Lange — Strafgesetzbuch mit Erläuterungen und Nebengesetzen, 43. Auflage, neubearbeitet von Richard Lange, Berlin 1959

Krauß, Detlef — Erfolgsunwert und Handlungsunwert im Unrecht, in: ZStW 76 (1964), S. 19 ff.

Krey, Volker — Strafrecht, Besonderer Teil, Band 1, Besonderer Teil ohne Vermögensdelikte, 4. Auflage, Stuttgart 1978

ders. — Keine Strafe ohne Gesetz, Berlin 1983

Krönig, Georg — Probleme der Bestechung, in: MDR 1949, 658 ff.

Kronecker — Zur Auslegung des § 331 StGB, in: GA 1883, S. 361 ff.

Lackner, Karl — Strafgesetzbuch mit Erläuterungen, 16. Auflage, München 1985

Larenz, Karl — Methodenlehre der Rechtswissenschaft, Berlin, Göttingen, Heidelberg 1960, zitiert: Larenz, Methodenlehre

Leipziger Kommentar — Kommentar zum Strafgesetzbuch, Hrsg. von Hans-Heinrich Jescheck, Wolfgang Ruß, Günther Willms, 10. Auflage, Berlin 1985, zitiert: LK-Bearbeiter

Leipziger Kommentar — Kommentar zum Strafgesetzbuch, Hrsg. von Paulheinz Baldus und Günther Willms, 9. Auflage, Berlin 1974, zitiert: LK-Bearbeiter

Leonhardt, Adolph — Commentar über das Criminal-Gesetzbuch für das Königreich Hannover, Band 2 Hannover 1851

Loos, Fritz — Zum "Rechtsgut" der Bestechungsdelikte, in: Festschrift für Hans Welzel zum 70. Geburtstag, Berlin 1974, S. 879 ff., zitiert: Loos FS-Welzel

Maurach, Reinhart/ Zipf, Heinz — Strafrecht, Allgemeiner Teil, Teilband 1 Grundlehren des Strafrechts und Aufbau der Straftat, 6. Auflage, Heidelberg 1983, zitiert: Maurach/Zipf AT/1

Maurach, Reinhart/ Schroeder, Friedrich-Christian — Strafrecht Besonderer Teil, Teilband 2 Straftaten gegen Gemeinschaftswerte, 6. Auflage, Heidelberg, Karlsruhe 1981, zitiert: Maurach/Schroeder BT/2

Mayer, Hellmuth — Strafrecht Allgemeiner Teil, Stuttgart 1967, zitiert: H. Mayer AT

Meier, Bernd-Dieter/ Momberg, Rolf — Strafrecht: Der reumütige Bauunternehmer, in: JuS 1983, S. 699 ff.

Meves — Die Bestechung, §§ 331-334 RStrGB, Handbuch des deutschen Strafrechts, hrsg. von Fr. Holtzendorf, Band 3, Die Lehre von den Verbrechensarten, Berlin 1872

Mommsen, Theodor — Römisches Strafrecht, Handbuch der Deutschen Rechtswissenschaft unter Mitwirkung von H. Brunner, von Ehrenberg, O. Gierke u.a.; hrsg. von Karl Binding, Leipzig 1899

von Münch, Ingo — Besonderes Verwaltungsrecht, 6. Auflage, Berlin 1982

Niederreuther — Der strafrechtliche Schutz gegen Bestechung, in: DJ 1940, 352 ff.

Niederschriften — über die Sitzungen der Großen Strafrechtskommission, Band 10, Bonn 1959, zitiert: Bearbeiter, Niederschr.

von Olshausen, J. — Kommentar zum Strafgesetzbuch für das Deutsche Reich, 11. Auflage, neubearbeitet von Karl Larenz u.a., 2. Band, Berlin 1927

Oppenhoff, F.C. — Das Strafgesetzbuch für die Preußischen Staaten und das Gesetz über die Einführung desselben, erläutert aus den Materialien, der Rechtslehre und den Entscheidungen des Königlichen Ober-Tribunals, Berlin 1856

Oppenhoff, F.C. — Das Strafgesetzbuch für die Preußischen Staaten und das Gesetz über die Einführung desselben,
5. Auflage, Berlin 1867

Oppenhoff-Delius — Das Strafgesetzbuch für das Deutsche Reich nebst dem Einführungsgesetze vom 31. Mai 1870 und dem Einführungsgesetze für Elsaß-Lothringen vom 30. August 1871,
fortgeführt von Theodor Oppenhoff, hrsg. von Hans Delius,
14. Auflage, Berlin 1901

Otto, Harro — Grundkurs Strafrecht
Die einzelnen Delikte,
Berlin 1977,
zitiert: Otto AT

ders. — Grundkurs Strafrecht
Die einzelnen Delikte,
2. Auflage, Berlin 1984,
zitiert: Otto BT

Palandt — Kommentar Bürgerliches Gesetzbuch,
46. Auflage, München 1987,
zitiert: Palandt-Bearbeiter

Peters, Karl — Sozialadäquanz und Legalitätsprinzip,
in: Festschrift für Hans Welzel zum 70. Geburtstag, S. 415 ff.,
zitiert: Peters FS-Welzel

Preisendanz, Holger — Strafgesetzbuch,
30. Auflage, Berlin 1978

Radbruch, Gustav — Entwurf eines Allgemeinen Deutschen Strafgesetzbuches (1922),
Tübingen, 1952,
zitiert: Entwurf 1922

Roeder, Hermann — Die Einhaltung des sozialadäquaten Risikos und ihr systematischer Standort im Verbrechensaufbau,
Berlin 1969

Roxin, Claus — Bemerkungen zur sozialen Adäquanz im Strafrecht,
in: Festschrift für Ulrich Klug zum 70. Geburtstag, Bd. II, S. 303 ff.
zitiert: Roxin FS-Klug

Rudolphi, Hans-Joachim — Spenden an politische Parteien als Bestechungsstraftaten,
in: NJW 1982, 1417 ff.

Sauer, Wilhelm — System des Strafrechts, Besonderer Teil,
Köln, Berlin 1954

Schaffstein, Friedrich — Soziale Adäquanz und Tatbestandslehre,
in: ZStW 72 (1960), S. 369 ff.

Scheu, Udo — Parteispenden und Vorteilsannahme,
in: NJW 1981, 1195 f.

Schlemmer, Hans — Der Begriff des Vorteils und seine Stellung innerhalb der Bestechungstatbestände,
Diss. München 1962

Schmidhäuser, Eberhard — Strafrecht, Allgemeiner Teil, 2. Auflage, Tübingen 1984,
zitiert: Schmidthäuser AT

ders. — Strafrecht, Besonderer Teil, 2. Auflage, Tübingen 1983,
zitiert: Schmidhäuser BT

Schmidt, Eberhard — Die Bestechungstatbestände in der höchstrichterlichen Rechtsprechung von 1879 bis 1959, München, Berlin 1960,
zitiert: Eb. Schmidt, Bestech.

Schmidt-Leichner — Die Bestechungstatbestände in der höchstrichterlichen Rechtsprechung von 1879-1959,
in: NJW 1960, 846 ff.

Schmitt, Rudolf — Die Bestechungstatbestände im Entwurf 1960,
in: ZStW 73 (1961), S. 414 ff.

Schönke-Schröder — Strafgesetzbuch
Kommentar
22. Auflage, München 1985,
zitiert: Schönke-Schröder-Bearbeiter

Schröder, Horst — Das Rechtsgut der Bestechungsdelikte und die Bestechlichkeit des Ermessensbeamten,
in: GA 1961, 290

Schütze, Theodor Reinhold — Lehrbuch des Deutschen Strafrechts,
2. Auflage, Leipzig 1874

Schwartz, Ernst — Das Strafgesetzbuch für das deutsche Reich mit Kommentar,
Berlin 1914

von Schwarze, Friedrich Oskar — Commentar zum Strafgesetzbuche für das Deutsche Reich,
4. Auflage, Leipzig 1879

Simonson, A. — Der Begriff des "Vorteils" und seine Stellung im Deutschen Strafrecht,
Berlin 1889

Stein, Albert — Der Streit um die Grenzen der Bestechungstatbestände, in: NJW 1961, 433 ff.

Stock, Ulrich — Entwicklung und Wesen der Amtsverbrechen, Leipziger rechtswissenschaftliche Studien, H. 67, Leipzig 1932

Stratenwerth, Günter — Strafrecht, Allgemeiner Teil I, Die Straftat, 3. Auflage, Köln 1981

Systematischer Kommentar — Hans-Joachim Rudolphi, Eckhard Horn, Erich Samson Systematischer Kommentar zum Strafgesetzbuch, Band 1 (Allgemeiner Teil), Band 2 (Besonderer Teil), Frankfurt 1986, zitiert: SK-Bearbeiter

Teichmüller, Bernhard — Die Bestechung nach dem Strafgesetzbuch für das Deutsche Reich, Diss. Berlin 1887

Wächter, Karl Georg — Lehrbuch des Römisch-Teutschen Strafrechts 2. Teil, Stuttgart 1826

Wagner, Heinz — Amtsverbrechen, Berlin 1975

Welzel, Hans — Das Deutsche Strafrecht, Eine systematische Darstellung, 4. Auflage, Berlin 1954

ders. — Das Deutsche Strafrecht, 8. Auflage, Berlin 1963

Welzel, Hans — Das Deutsche Strafrecht, Eine systematische Darstellung, 11. Auflage, Berlin 1969

Wessels, Johannes — Strafrecht Besonderer Teil - 1, Straftaten gegen Persönlichkeits- und Gemeinschaftswerte, 9. Auflage, Heidelberg 1985, zitiert: Wessels BT 1

Zipf, Heinz — Rechtskonformes und sozialadäquates Verhalten im Strafrecht, in: ZStW 82 (1970), S. 633 ff.

Printed by
CPI books GmbH, Leck

FSC
www.fsc.org
MIX
Papier | Fördert gute Waldnutzung
FSC® C083411

Kolibri 360 GmbH
Ferdinand-Jühlke-Straße 7
99095 Erfurt, Deutschland
produktsicherheit@kolibri360.de